「怠惰」に対する闘い

イギリス近世の貧民・矯正院・雇用

乳原　孝　著

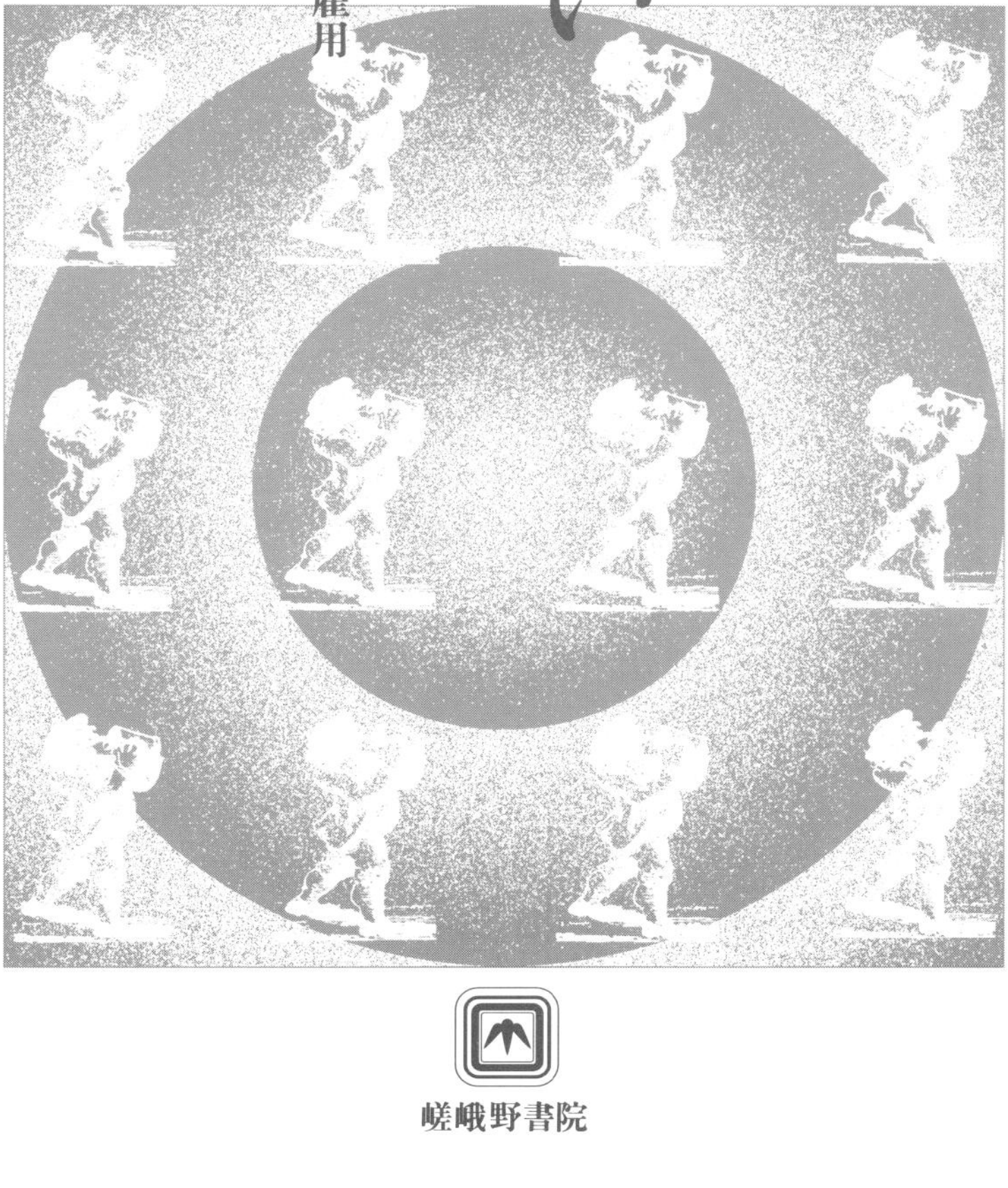

嵯峨野書院

まえがき

バブル崩壊後の不況が長く続いている。大学生にとって、またほかの人にとっても、就職難の厳しい状況が続いている。わたしの勤めている大学の職務の関係から、奨学金を申請する学生に面談して、事情を聞くことが多い。話を聞いてみると、やはり経済的に厳しい状況がひしひしと伝わってくる。飽食の時代と言われた日本の繁栄は、過去のものとなったのだろうか。「貧困」の問題が、今後の日本にとって大きくなっていくのであろうか。それとも、深刻な貧困にあえぐ外国のどこかの国に比べれば、日本でいくら貧しいと言っても、やはりレヴェルが全く違っているだろうか。

昔のヨーロッパでは、貧民の問題が大きな社会問題であった。例えば、イギリスを見ると、イギリスの黄金時代とも言われる一六世紀後半のエリザベス時代は、実は超不況時代であり、超就職難の時代であった。若い人々が職に就けず、浮浪者になってしまうという現実が長く続いた。そして政府は、浮浪者を無くしたいがために、彼らの耳を切断したり、焼き印を押したり、果ては死刑にするという厳しい対策を取ったのである。

こうした話を授業で大学生にしても、彼らの就職難の慰めにはならないことはよく分かっている。だが、歴史というものは、人や社会がいろいろなものであり得ることを教えてくれる。社会のあり方や人の生き方が、実際、多様なものであったし、今後もそうであることを示してくれるのである。われわれの社会が何か絶対的なものであって、それが永久に続くということではないし、われわれの物の考え方や生き方だけが正しくて価値あるものだとも言えない。

　授業でよく学生に意見や感想を書いてもらうが、そのなかにしばしば見かける言葉がある。「今の時代に生まれて良かった」とか、「今の日本に生まれて良かった」という素朴な感想である。西洋史の授業で、ヨーロッパの魔女裁判のことや中世の残酷な処刑の話をよくするので、彼らがそうした感想を抱くのも自然なことかも知れない。だが、文化人類学もそうだろうが、歴史に携わる人間にとっては、こうした言葉を聞くのが一番残念なことなのである。自分の講義がまずいのだろうが、そういう思いを抱かせるために授業をしているのではない。確かに昔の時代には残酷なことも多いし、今から思えばばかばかしいようなこともたくさんあるに違いない。でも、われわれの社会は、その残酷なことを人道主義的見地から無くしていったのだとも言えないし、また昔の人がばかだったというわけでもない。われわれの社会に残酷な処刑がないとすれば、それは人道主義からと言うよりも、別の理由で無くなっていったのである。[1] そしてわれわれにとってばかばかしいと思えることにも、いろいろ理由があったに違いないのだ。

　つまり、われわれの社会がベストだとは限らず、われわれが一番賢いとは限らないのである。過去の社会の様々なことを、単に愚かさや未熟さで片付けないで、それらの意味を注意深く解き明かしていく必要がある。そうすれば、社会というものが様々であり得ること、人の生き方がいろいろであり得ることが分かってくるに違いない。つまり、われわれは自分自身から少し離れることができるのである。「水を最後に発見するのは魚だ」という表現がある通り、われわれは自分たちには当然のことだと思っているものの存在には気づかず、なかなかそこから抜け出すことができない。そして本当はそれが当然とは限らないことが分からないでいるのだ。だが、歴史や文化人類学、またその他の異文化理解の学問を通して、われわれは自分自身を見詰め直すことができるのであり、今まで当たり前であったことを、当たり前のことではないようにすることができるのである。

前置きが長くなってしまったが、本書ではヨーロッパ近世の貧民問題をイギリスを中心にして述べていきたいと思う。と言っても、概説ではない。かなり細かくて特殊な部分も入っている。またフランスの都市ルーアンのことにも少し触れている。全体を通して、主に一六世紀と一七世紀の近世という時代に、イギリスの人々が貧民や浮浪者の問題をどのように感じていたのか、そしてそれにどのように対処しようとしたのかをテーマとしている。果たして、「水」は発見できるだろうか。

本書を執筆するにあたって、わたしの論文をいくつか使っている。特定の章に特定の論文を修正して用いている場合もあるが、そうではなくて一部分だけいくつかの箇所で使っている場合もあるので、論文のタイトルと出典だけを以下に示しておきたい。

・「西欧近代初頭における貧民の閉じ込め―ルーアン市の場合―」『関学西洋史論集』一七号、一九八九年六月。
・「近世ロンドンにおける貧民政策の展開」『関学西洋史論集』二〇号、一九九五年八月。
・「初期ブライドウェル再考―一六世紀英国矯正院の活動実態―」『京都学園大学経営学部論集』第八巻第三号、一九九九年三月。
・「近世ロンドンの安定追求―矯正院と民衆―」『京都学園大学経営学部論集』第九巻第三号、二〇〇〇年三月。
・「イギリス近世における『怠惰』―その意味と取締り―」『京都学園大学経営学部論集』第一〇巻第二号、二〇〇〇年一二月。
・「『貧民学』の成立―一七世紀イギリスにおける貧民関連小冊子群をめぐって―」『京都学園大学経営学部論集』第一二巻第一号、二〇〇二年七月。
・「一七世紀英国の貧民雇用論―リチャード・ヘインズの論説をめぐって―」『京都学園大学経済学部論集』第一二巻第一号、二〇〇二年七月。

最後になったが、嵯峨野書院の鈴木亜季さんにはお世話になったのでお礼申し上げたい。

二〇〇二年七月
乳原　孝

「怠惰」に対する闘い

イギリス近世の貧民・矯正院・雇用

目次

第一章　「危険な貧民」

最近は日本でもよく見かけるようになったが、駅の構内とかで楽器を演奏したり歌を歌ったりしている人たちがいる。今でもそうだろうが、わたしが住んでいた頃のロンドンでは、地下鉄の構内でいろんなミュージシャンの人が活躍していた。珍しい楽器を演奏したり、なかにはすごく歌が上手で、ずっと聞いていたいぐらいの人たちもいた。彼らのそばを通る通行人は、例えばギターのケースとかに、時々お金を与えている。やはり上手な人にはたくさんお金が集まっていたように思うが、明らかにへたくそな人にもそれなりに与える人がいる。プレーヤーも自分の技術を披露したいとか、練習のためとか、あるいは完全にお金を恵んでもらうためだけとか、その動機はいろいろに見える。

こうした現象と言うか慣行は、昔のヨーロッパにおいては、貧民救済の一環なのであった。いわゆる「芸人」は、法律で浮浪者と同じ扱いをされることもあったわけだが[1]、貴族お抱えの芸人などを除いて、たいていは貧しい人たちであった。彼らの手に入るお金は、その「芸」に対する報酬であったとしても、貧民に対する慈善の意味合いが込められていたと言えよう。従って、浮浪者を規制したり、物乞いの許可証制度を通して慈善を制限していく動きがあった時には、彼らもその被害者となって逮捕され、処罰を受けることもあったのだ。

そもそも西洋における貧民救済という慣行は、貧しい人に施しを与えるというキリスト教の伝統であった。そしてそれが現在でも存続していることは、西洋の都市で物乞いする人が多く見られることからも分かるであろう。駅や往来、また教会の前などで物乞いする人の数は、日本よりもヨーロッパの方がずっと多い。だから今でもその伝統が残っていると言えるが、この貧民救済という慣行も、ヨーロッパの歴史のなかで紆余曲折を経て来た。あるいはこう言うべきだろうか。それは私的な行いとしてではなく、公的制度と関係付けられることによって、様々な歴史を経験したのである。つまり個人レヴェルの貧民に対する慈善は、現在に至るまで根強く存続してきたわけだが、貧民救済を制度化しようとした試みは様々であって、それは歴史的過程を有するのである。その制度的試みのなかには、慈善自体を否定するものもあったし、今日から見れば、「救済」とは思えないような試みもたくさんあったのである。

そうした試みがいろいろ考え出されたり、実行されたりした理由は、特に近世以降のヨーロッパにおいて、貧民問題が深刻だったからである。一六世紀以降のヨーロッパでは、貧民問題が大きな社会問題となっていった(2)。その理由は、生産力の発展を伴わない人口増加にあったと考えられている。われわれは往々にして、生産力が増大して人口が増加するものだと考えがちであるが、現実は必ずしもそうとは言えず、ヨーロッパ近世においてもそうした現象が起こった。生産の増大がなくて人口だけが増加すると、物が不足して物価が上昇する。特に穀物価格が高騰していった。これに対して、社会全体のなかで労働する人手が余ることになるので、実質賃金が低下していくことになる。このようにして、人々が貧困化していくという図式が成り立つのである。

ヨーロッパ近世の貧民問題における一つの転換点が、一五二〇年代から三〇年代にかけてであったと言われている。(3) この時期にヨーロッパのいろいろな所で、大規模な反乱や暴動が続発した。スペインでは、一五二〇年から二一年にかけてのコムネーロスの反乱、一五一九年から二三年にかけてのヘルマニーアスの反乱。ドイツでは、一五二四年から二五年にかけてのドイツ農民戦争。イギリスでは、一五二五年から二八年の織物職人の反乱、三六年から三七年にかけての恩寵の巡礼。フランスでは、一五二九年のリヨンの大暴動。イタリアでは、一五三一年から三二年にかけてのストラッチオーニの乱。等々。(4) こうした反乱はそれぞれその性格や主体となる階層は異なっているが、ひとたび反乱が生じると貧民たちがそれに参加して、事態を過激化させるのではないかと恐れられていた。またこうした反乱に加えて、この時期にはヨーロッパ中で飢饉やペストなどの疫病の流行が見られたのである。

このような危機的状況を受けて、ヨーロッパの多くの都市は、一五二〇年代から三〇年代にかけて貧民に対する政策の転換を余儀なくされたのであった。そうした政策には類似した部分も多い。例えば、通りでの物乞い行為を禁止し、貧民の調査を行って彼らを分類し、救済すべき最低限の貧民を選び出す。それは病気や老齢、障害などの理由によって働くことができない人々であって、彼らは市や教区が救済を行う。これに対して、浮浪者や働けるのに仕事をしていない貧民たちには、どこでも厳しい対応が取られた。彼らには強制労働を課したり、イギリスのように残酷な処罰を与えたりしたのである。また、一般的に言って、貧民救済の主体が教会から都市当局へと移行する現象が見られた。つまり、救済事業の世俗化である。それまでの貧民救済を宗教政策と呼ぶならば、これ以降の貧民救済は社会政策なのであった。と言っても、前述のように、「救済」ではなく「抑圧」の政策もしばしば存在した。だが、こうした社会政策が近現代になって、社会福祉の諸制度へとつながっていくことは言うまでもない。

ところで、一六世紀の前半期におけるこうした貧民政策の転換の背後には、貧民に対する人々の意識と言うか、「貧民観」の大きな変化が存在したのである。すなわち、「聖なる貧民」から「危険な貧民」へのその変化である。

一、中世の「キリストの貧民」

ヨーロッパ中世の社会においては、キリスト教の伝統的な慣行としての貧民救済が広く行われていた。貧民に対する慈善は、慈善を行う人自身の罪を償い、天国への道を用意してくれる善行なのであった。当時、「キリストの貧民」という言葉が存在したが、これは貧民や貧困の状態を神聖視する思想が存在したことを物語っている。この言葉は、修道院にこもって清貧の生活を送る修道士に対して用いられていたものであったが、やがてあらゆる貧民に拡大されていったのである。[5] 貧民は神が愛する存在であった。

例えば、一四世紀ロチェスターの司教トーマス・ブリントンは、彼がベネディクト会修道士であった時の貧困の誓いを、司教になっても守り続けたと言われている。残存する一〇三篇の彼の説教談話のうち、半数以上が貧困や慈善の価値を賞賛することに捧げられている。[6] 彼に言わせれば、貧民は神の相続人であり、「最も愛される」人々なのであった。「毎日われわれは、貧民のなかに、十字架上のキリストを見るのだ」とも述べている。[7]

このように貧民のなかにイエスを見て、彼らに施しを与えて救済すれば、自分自身の罪が償われて天国におもむくことができるという思想が、ヨーロッパ中世世界に広く普及していたと言えよう。かくして様々な形態の慈善が、人々の間で一般的に行われていたのである。貧民に直接、貨幣や食物、衣服を手渡す直接的施し以外にも、遺言による死後の慈善が行われていた。そのため、誰か富裕な人物が亡くなった時には、その知らせを聞いた何百人もの貧民が、遠く二〇キロ四方から集まって来るという現象が見られたのである。だが、遺言による死後の慈善は、富者だけではなく小作農や職人階層によってさえも行われていた。[8] また、国王をはじめ有力諸公たちは、常時その領地にかなりの数の貧民を抱え、救済を行っていたと言われる。[9]

こうした個人的慈善とは別に、修道院や教会、信徒団などが行う慈善活動も存在し、時には大規模に行われていた。だから、施しが行われる日の修道院の門前には多くの貧民が集まって来たのであり、修道院から修道院へと渡り歩く貧民の移動ルートも存在した。彼らは各修道院が行う施しの日付を熟知していたのである。(10) また、常にその財源が不安定であったとは言え、施療院や救貧院などの慈善施設も存在し、貧民の収容・救済が行われていた。

このようにヨーロッパ中世においては、貧民は神聖視され、彼らに対する慈善は幅広く行われていた。貧民は「キリストの貧民」と呼ばれ、「聖なる貧民」なのであった。だが、われわれはこうした思想や慈善の事実に基づいて、ヨーロッパ中世の社会を決して理想化してはならないのである。どの社会もそうであろうが、ヨーロッパ中世の社会も単純に図式化されるべきものでは決してないのである。

と言うのは、貧民に対する嫌悪や軽蔑が、中世の初期から常に存在したからである。メロヴィング朝の社会は、貧民を憎むべき者、軽蔑すべき対象として扱っていたし、(11) 中世の様々な神学者や聖職者が、労働可能な者による物乞い行為や浮浪者に対して厳しい批判を行っていた。

一〇世紀イタリアの神学者ラテリウスによると、物乞い者の身分自体は価値あるものではなく、救済を約束されるものでは決してないのであり、逆に貧民は罪深く、常に罰を受けているのであって、それを示す多くの証拠が聖書には含まれているとのことである。労働能力がある者は物乞いをしてはならないのである。一三世紀フランスのドミニコ会修道士であったアンベールは、「貧困が美徳なのではなく、貧困を好むことが美徳なのだ」と述べている。しかし彼によれば、民衆が好むのは富であって、貧困ではない。貧民は常に富者に対する羨望を持ち、自分の境遇を呪う。

そこから窃盗や飲酒、放蕩、怠惰などの悪習が彼らには付きまとうのである、とアンベールは貧民に対する非難を繰り返す[12]。

貧困の価値や貧民の神聖視に対しては、神学者や聖職者のあいだで、常にこうした否定や懐疑が存在したと言えるであろう。貧民の神聖視は、むしろ世俗の一般社会において広まっていたと考えられる。貧民は、魂の救済の機会を与えてくれる存在として、必要不可欠な人たちなのであり、貧民に対する慈善は、彼らの反乱を防ぎ、社会的安定を維持するためにも必要な行為なのであった。

だが、貧民を神聖視して彼らを救済する慣行が広く存在したとしても、一般的に言って、貧民に対する慈善は一種の交換行為、あるいは契約行為なのであり、純粋に彼らを救いたいという気持ちから発せられたものではなかったのである。つまり、物乞いしている者に施しを与えるのは、その見返りとして、物乞い者が自分のために祈りを与え、神へのとりなしを行ってくれるのを期待してのことであった。貧民とは、施しの提供者に祈りを捧げる一種の職業でもあったのだ。それでそうした職業上の技法として、ぼろ衣をまとい、しばしば病気や身体的障害を装うテクニックが用いられたのである[13]。

このように貧民に対する慈善は、純粋に相手の救済のためではなく、それによって自身の罪を償い、魂の救いを得るための行為なのであって、われわれから見れば偽善的であったとも言えよう。しかしながら、偽善であったとしても、多くの貧民が施しを受け救済されていたのは事実であって、慈善は一つの社会的システムとして確立していたのである。そしてその背景には神聖な存在としての貧民観が存在した。この貧民観が大きく崩れだすのは、一六世紀頃のことであった。

二、一六世紀以降における貧民問題の悪化

他者の助けや何らかの救済制度に依存しなければ、自分自身や自分の家族を扶養できない「貧民」という存在は、ヨーロッパ中世のどこにおいてもその姿を見ることができたであろう。だが中世においては、前述のような貧民救済を通して、概して対処されていたのであり、貧民の存在が大きな社会問題になることはあまりなかったと言えよう。ところが、近世になると事態は大きく変化し、貧民問題がヨーロッパの多くの地域において深刻な社会問題となっていくのである。それに伴って、貧民に対する従来の見方も劇的に転換することになる。

近世のヨーロッパにおいて貧民問題が顕在化する理由は、主に都市部における貧民や浮浪者の急激な増加という現象に帰すことができるであろう。一六世紀以降のヨーロッパの諸都市は、たいていその貧民や浮浪者の増加を経験し、それがもたらす様々な社会問題に頭を悩ますことになる。都市住民は彼らによる犯罪の増加を危惧し、また疫病の媒介者としても恐れたのである。つまり、社会的治安・秩序の観点から、貧民や浮浪者は危険な存在であると考えられたのである。そのため都市や国家は、こうした問題に対処するための政策を模索したのであるが、イギリスの

話に入る前に、イタリアのヴェネツィアとフランスのルーアンの様子をまず少し見てみよう。

ヴェネツィア

一五二〇年代末のヴェネツィアでは、時の大飢饉とあいまって、貧民問題は深刻であった。ヴェネツィア人の年代記作者マリーノ・サヌードは、次のように日記に書き残している。

一五二七年一二月一六日。あらゆる物価が高い。毎夜、サン・マルコ広場やいろんな通り、そしてリアルト橋には子供たちがいて、通り掛かりの人に泣き叫ぶのだ。「パンを！　パンを！　腹が減って死にそうだ。寒くて死にそうだ。」恐ろしい光景だ。朝になれば、その子らはあちこちの邸宅のポーチで死んでいるのだ。

一五二八年二月二日。町はお祭りで、たくさんの仮装行列が出ている。それとは対照的に、非常に大勢の貧民たちが昼も夜も町にいるのだ。この地方の大飢饉のために、若干の農民たちが食べ物を求めて、子連れでこの町に来始めていた。

一五二八年二月二〇日。わたしはこの都市の大飢饉を常に思い出させるようなことを書き留めねばならない。通りで泣き叫ぶヴェネツィアの貧民に加えて、ブラーノ島からやって来た者たちが、シーツを頭から被り、子らを腕に抱えて、施しを求めているのだ。驚いたことに、ヴィチェンツァやブレッシア地方からやって来た者たちもいる。ミサを聞きに行くと、たいてい一〇人ほどの貧民が施し物を求めてやって来るし、支払いに財布を開くと、貧民にお金をねだられる。夜遅くまで、彼らは戸口を叩いてさまよい、通りから叫ぶのだ。「腹が減って死にそうだ。」(14)

こうした状況を受けて、ヴェネツィアでは一五二八年三月に最初の「救貧法」となる政令が布告された。まず、通りでの物乞いが禁止され、違反者は投獄して身体刑を科し、追放することになった。そして役人による組織的救済を受けられるのは、ヴェネツィア在住の貧民だけとし、彼らを三つのカテゴリーに分類した。つまり、「恥じ入っている貧民」、老齢者および身障者、働いていない健常者の三つである。「恥じ入っている貧民」とは、もともと上流あるいは中流の出自であるが貧窮化した者たちを指していて、彼らは自宅で救済を受けることが決められた。そして老齢者と身障者は施療院に収容され、無職の健常者は仕事に就かされることになった。そしてよそ者の貧民はヴェネツィア行きの船に乗ることを禁じられ、またすでにいるよそ者の貧民を市から追放するために係官を招集する。住居のないすべての物乞い者が、臨時に設備を施された施療院に連れて来られ、そのうち農民は次の収穫の時期までそこに収容されるのである。これらの対策を執り行うために必要な財源として、特別の所得税が課されることになった。

この政令に基づき、一五二八年四月頃には、ヴェネツィアの四つの施療院に約一〇〇〇人の物乞い者が収監されていたと言われる。その一年後には新しい法令が成立し、ヴェネツィア出身でない物乞い者を狩り出し、特別の書状を持たせて、彼らを出生地に送付することが命じられている。また、労働が可能でない貧民は慈善施設が引き受けるが、健常貧民は船上での強制労働が課され、通常の俸給の半分が支給された。貧民や浮浪者をガレー船に送る処置はこれ以後も行われている。(15)

ルーアン

次に、北フランスの重要な商業港湾都市であったルーアンの状況はどうであろうか。

ルーアンは一五一〇年の秋に疫病に見舞われる。市当局は疫病の蔓延を恐れ、通りにたむろする物乞い者に対して対策を講じようとした。物乞い者が教会や民家の周りをうろついたり、民家に侵入することを禁じる決議が成されるが、具体的な方策は決められなかったようである。(16)その後も貧民の数は増え続け、一五二五年の春には事態は深刻になった。それで当局は、市壁や濠の修復・維持のために、五〇〇人以上の貧民を雇用することによって事態を改善しようとした。つまり職のない貧民に仕事を与えて彼らを扶養するという企図であるが、乏しい財源のために賃金はわずかであり、配給のパンも一日おきにしか受け取ることができなかった。(17)

その後、ルーアン市では一五三四年一二月二日に特別の会議が開かれ、貧民問題が審議された。

浮浪者によって引き起こされる無秩序が報告された後、労働が可能でない真の貧民と、「怠惰」で「邪悪」な健常貧民とを区別し、後者を市から追放することなどで意見が一致する。[18] そしてこの会議で取り決められたことが、市条例として公布された。その序文では、「市を平和で静穏な状態に保つ」[19] という目的が強調されているが、条例の具体的な項目をいくつか要約してみよう。[20]

一、男女とも労働可能な者で、仕事がなく怠惰な生活をしたり物乞いしたりしている者はすべて、八日以内に市から出て行くか、親方を探さねばならない。

二、その期間が過ぎると、上記の者はすべて捕えられ、二人ずつ鎖につながれて当局に引き渡される。彼らは食事だけ供給されて、厳格な監視の下に公共事業に雇用される。

三、例外なしに物乞い行為は一切禁止される。違反者は鞭打ち刑。また物乞い者を自宅に宿泊させた者も罰金刑に処せられる。

四、各教区において、貧民の氏名、年齢、出生地、生活状態などを調査し、貧民のリストを作成する。

五、労働が可能でない貧民には生活扶助が与えられ、また重病の者は市立慈善病院に収容されて看護を受けることができる。

この市条例においては、怠惰な貧民に対して強制労働を課すことが意図されているが、財源不足のために、実際にはあまり有効ではなかったようである。それで会議はこれ以後も長年にわたって続けられることになり、様々な議論が展開された。

例えば一五四二年一月二二日の会議で、出席者のロングジューは、怠惰な者を放っておくのは危険なことであり、彼らを貧民として見なすべきではないと述べている。他方、ル・シャンドリエは、健常貧民を追放することは有事の際の防衛力を減じることになると主張する。もし戦争になれば、「市は民衆によって守られる」のであり、市の高官たちによってではないからである、と述べている。(21)

だが、貧民に対する抑圧政策は、徐々に明確化されていくことになる。ルーアンの売春婦は帽子に黄色のリボンを付けねばならなかったが、貧民たちは袖のところに黄色の十字を付けねばならず、(22)また年に二度、貧民の行進が実施された。(23)そして教会の門には、教区の救済されるべき貧民の名簿が掲げられたのである。こうした措置は、窮乏が明白でない者に援助を与えるのを避けるためであったが、それは貧民を識別し、彼らに対する取り締まりを強める手段になった。そして一五五一年には貧民局が設立され、貧民政策を司る行政部門も確立されていった。(24)この貧民局の指示によって、一五五五年には貧民の子供たちのための慈善学校が設立されている。

この局の命により、一五五五年二月以来、市の四つの地区に四つの学校が建てられた。それは前記の貧民たちのためだけの学校であり、そのために四つの家屋が購入された。そして四人のまじめな聖職者が、それぞれ年間四〇リーブルを受け取って、子供たちに神を畏敬し賛美することを教え、……また読み書きと、特に品行方正について教えるためにそこに滞在した。……一五五六年の復活祭以降、施しを受けている一二〇人の少女のために二つの学校が建てられ、二人のまじめな女性教師が彼女たちに上記のことと、また裁縫を教えるために雇われた。(25)

もっともこれ以前にも、慈善学校はすでに存在していたようであり、貧民の子供に対する教育に早くから関心が寄せられていたことが分かる。

一方、怠惰な貧民に対する対策は、一六世紀後半においても、公共事業に彼らを雇用して労働させるという施策が中心であった。一五五七年には七、八千人の貧民が、市の濠や市壁での作業に雇われた。(26)一五六六年の時点では、彼らは午前六時から一一時までと、午後一時から六時まで労働し、男性、女性、子供それぞれの賃金と支給される食糧の割合が定められている。また貧民たちの反抗、反乱を予防するために、作業や配給が行われる四つの場所に絞首台が設置されることになった。(27)こうした絞首台の存在は、貧民政策の抑圧的性格をはっきりと物語っていると言えよう。貧民を公共事業に就労させる試みは、以後も断続的に行われるが、(28)財源不足が常に付きまとい、一五八一年にはもはや食事だけが支給され、賃金は支払われなくなる。

さて、ヴェネツィアとルーアンの様子を少し見てみたが、他のヨーロッパ諸都市も含めて、一六世紀の悪化する貧民問題に対して取られた政策には、ほぼ共通する部分が存在したと言える。つまり、まず貧民をいくつかのタイプに分けて、労働が可能でない者だけ最低限救済し、労働は可能だが働いていない者については、何らかの厳しい処置を与えるというものである。イギリスにおいてもこの点は共通しているが、怠惰な貧民に対しては他国に比べて、より一層厳しい対応が取られたと言えるだろう。

三、イギリスの状況

近世のイギリスにおいても貧民問題が顕在化し、特に一六世紀半ば以降、浮浪者問題が深刻化して大きな社会問題となっていった。(29) 彼らの多くは、一〇代や二〇代の独身男性であって、「まともな」職業には就いていない人々であった。そして彼らは職を求めて都市に移動する際に逮捕されたり、都市内部や近郊において浮浪していて捕まる可能性を常に有していたのである。

イギリス中でこうした浮浪者の増加が見られたわけであるが、増加の原因については従来、「囲い込み」による影響や宗教改革に伴う修道院解散にその因を帰する見解もあった。だが「囲い込み」による影響は、一四八五年にヘンリー七世が即位するまでにはその最悪期が終焉しており、また最も影響の大きかったミッドランド地方でさえも、総面積の三パーセント以下が囲い込まれたに過ぎず、浮浪者数増加の要因としては小さい[30]。修道院解散についても、元来、イギリスの修道院が行っていた貧民救済は、王国全体の貧民救済に占める割合が小さいので、影響は少なかったと言われる[31]。

イギリスにおける貧民や浮浪者の増加原因については、人口増加とそれに伴う実質賃金の低下にもっぱら求められている。イングランドの人口は一五五〇年の三〇一万人から一六五〇年の五二三万人へと、一〇〇年間で一・七四倍に増加したと考えられている。特に、首都ロンドンにおいては、一五五〇年の一二万人から一六五〇年の三七万五〇〇〇人へと三倍以上に急増している[32]。だが、こうした人口増加に見合った生産力の上昇はなく、また商工業部門においてその労働力を吸収するだけの発展もなかったため、物価は上昇し、実質賃金は低下していったのである。一五〇〇年から一六五〇年の間に、実質賃金が半分以下に低下したと言われる[33]。

こうした厳しい状況によって貧民や浮浪者が増加し、イギリス近世の多くの都市において、その都市人口の約五パーセントが常時何らかの救済を受け、二〇パーセントが救済を受ける可能性のある潜在的貧民であった[34]。また浮浪者については、彼らの人数を算出するのが困難であるが、例えば一六三一年から三九年の間に、記録の残存するイングランドの三七の州で、合計二万六〇〇〇人以上の浮浪者が逮捕されている[35]。だが逮捕される浮浪者は、職を求めて都市に移動する貧民たちのごく一部に過ぎなかったのである。近世のイギリスにおいては、農村部から都市へ向けてのこうした長距離の移住が盛んに行われたが、特に首都ロンドンには地方から多くの貧民が職を求めて押し寄せ、シティー郊外に定着した。だが、彼らも職が見つからなければ浮浪者となってしまう可能性があった。一七世紀前半のロンドンには、年平均七〇〇〇人以上の移住者があったとされる[36]。

しかし、浮浪者はそうした移住貧民からのみ構成されていたのではない。当時の労働人口の大きな部分を占めていた若い徒弟やサーヴァントたちは、元来、親方との関係が不安定であり、何らかの理由によって親方のもとから離れれば、彼らも浮浪者となる可能性があった。かくして一七世紀のロンドンにおいては、浮浪者のなかでこうしたロンドン出身の者が半数を占めたと言われる[37]。

若者を中心とした浮浪者がこのように都市に集まり、物乞いをして通りを徘徊するようになると、当時の都市住民は彼らに対する警戒心を強めた。浮浪者は疫病をもたらすし、何よりも彼らは犯罪を犯して市の治安を脅かすと考えられたからである。

浮浪者に対する当時の嫌悪感は、様々なところで語られている。例えば、エリザベス時代のイギリスの様子を書き残したウィリアム・ハリソンは、浮浪者について以下のような叙述を行っている。

彼ら（浮浪者）の服装もまた、時には下男や労働者のようであろう。彼らはしばしば船員を装うことができ、乗りそこねた振りをして船を捜し求めるのである。しかし結局、彼らは皆泥棒であり、国家の毛虫である。そして聖書によって、食べることを許されていない者たちである。何故なら彼らは、真の労働者の額の汗を舐めるだけであり、自分たちの不節制を続けるために、神の貧民から物を奪っているだけだからである。つまり彼らは、親切な人々が神の貧民に与えた施し物を、最も邪悪で最も忌まわしいやり方で消費しているのである。(38)

「神の貧民」の言葉が示すように、ここでも神聖な貧民観を見ることができるが、しかしこの場合は、病気・老齢・身体障害などの原因により、労働が可能でない貧民のことを言っている。後述するように、近世イギリスの「救貧法」では彼らのみを救済し、労働が可能であるのに働いていない貧民や浮浪者に対しては厳しく対処することになっていた。だが、労働可能な貧民や浮浪者にも施しを与える慣習が民間では存続していたので、本来働けない貧民のみに与えられるべき慈善を、彼らが横取りしていると著者は非難しているのである。

さらに、エドマンド・ダドリによれば、無為は「まさにあらゆる悪徳の母にして……貧困と不幸の祖母、そして国家というこの樹木の不倶戴天の敵」であった。また、サー・トマス・スミスは、「自活できる十分な土地も生活費もない」貧民が、「そんなに怠惰に暮らしているのなら、その者は尋問されて、その結果時には牢獄に送られ、さもなければ時として強健な浮浪者であるがゆえに処罰される。これほどにも、われわれの政策は怠惰を忌み嫌うのである」と述べている。(39)

さて、都市当局や住民は浮浪者や働いていない貧民に対して、一般にこうした嫌悪感を抱き、彼らを危険視したのであるが、そうした浮浪や貧困の原因は「怠惰」に帰されたのである。次章で見るように、怠惰こそが人を貧困にし、浮浪者にならせ、様々な犯罪を行わせる諸悪の根元であると考えられたのである。

＊　　＊　　＊

この時代の浮浪者は、現代日本のいわゆるホームレスの人たちとは大きく異なっているに違いない。前述のように、当時の浮浪者は二〇歳前後の若者が中心であって、今日から見れば彼らは失業者なのであった。そしてそうした若者たちが、生きていくために通りで物乞いしたり、家の戸口を叩いて施しを求めたりしたので、都市住民は彼らを嫌い、あるいは恐れたのであった。なぜなら物乞い行為も、場合によれば脅迫行為となり、強盗行為にも変身する可能性があったからである。当時の物乞いは、うまくやれば職人の日当ぐらいの稼ぎになり、「儲かる商売」でもあった。民間レヴェルの貧民救済の慣習は、根強く存続していたからである。だが誰もが必ずしも成功するとは限らないので、「稼ぎ」がないと犯罪に走る可能性もあっただろう。

また住民たちは、彼ら浮浪者がペストなどの疫病を運んで来るのではないかと危惧した。各地をさまようよそ者の浮浪者たちが、都市に入り込んで来るからである。だから浮浪者や物乞い者に対する都市条例が、しばしば街路の清掃条例と同時に発布されているのも偶然のことではない。

ポール・スラックの述べるごとく、都市当局は市の健全性を脅かすようなあらゆる不潔で無秩序なものを、市から排除して「浄化」したかったのである。(40)

物乞いという行為や浮浪者という存在に対しては、当時の学者である人文主義者たちによっても厳しく批判されている。例えばトマス・モアは、物乞いが禁止されてすべての頑健な貧民に労働が義務化されるべきだと述べている。またエラスムスにとって、物乞いは反社会的で忌まわしいものであり、公共の秩序にとって危険なものなのであった。コルネリス・アグリッパは、貧民を憐れむべきではなく、逆に物乞い者や浮浪者を軽蔑すべきだと言う。そして当時の西欧諸都市の貧民政策に大きな影響を与えたホアン・ルイス・ビーベスも、物乞いの禁止や強制労働を主張している。(41)

貧民問題・浮浪者問題に対する、こうした一六世紀初期の思想家たちの厳しい態度も、同時代の貧民観の大きな転換にその基礎を置いている。「聖なる貧民」から「危険な貧民」への変化である。もっとも物乞いや浮浪者に対する批判や嫌悪は、前述のように、中世においても一部の神学者のあいだで存在していた。従って、こうした変化も突然の大転換ではなくて、従来から存在していたものが拡大・一般化したのだと言うべきなのであろう。しかしその拡大・一般化は、神学上の理論の展開や宗教改革に基づくものではなくて、ヨーロッパ中の多くの都市において貧民や浮浪者が急増するという社会的変化、現実的変化に根差していたに違いない。若い浮浪者が続々と都市へと押し寄せる現実に、多くの人々が直接反応した結果に過ぎないと思われる。

こうした貧民観の転換に伴って、貧民に対する対応の主体が、教会から都市行政へと移行するわけであり、それは貧民救済から貧民政策への転換であったとも言える。そして後者はもはや「慈善」ではなく、「社会的秩序」の観点が中心になっている。貧民や特に浮浪者は社会的秩序にとって危険な存在であって、彼らに対する対策にヨーロッパ諸都市や国家は、今後頭を悩ませていくことになる。そして様々な対策が試みられたが、浮浪者や貧民に対して取られたそれらの政策が、西洋近代の社会政策の出発点となるのである。西洋の社会政策なるものは、浮浪者対策から始まったのである。

第二章　「怠惰」は犯罪

われわれが「怠惰」という言葉を使えば、それは「怠けている状態」のことを意味しているに違いない。だが一六世紀のイギリスにおいては、この言葉はより広い意味を持っていた。つまり、われわれの「怠惰」が意味する「怠ける」という意味も含めて、働けるのに仕事をしていない「無職」の状態も、「怠惰な」idleという言葉で表わした。その「無職」の原因が何であれ、働けるのに働いていない者は「怠惰」なのであった。「怠けて」仕事に就かない場合でも、働く意志はあるが職がない場合でも、同様に「怠惰」だとして非難されたのである。いや、非難されただけではなく、それは犯罪なのであった。すなわち、われわれから見れば「失業者」だったとしても、そのような人々は「怠惰な者」として処罰を受けたのである。

この「怠惰」の反対を意味する言葉として、一六世紀においては、「まじめな」honestという言葉がしばしば用いられていたように思われる。この頃に「聖なる貧民」から「危険な貧民」への転換が生じたわけだが、その「危険な貧民」を否定していくための基軸となる概念と言うか、キーワードが「怠惰」であった。「危険な貧民」イコール「怠惰」であり、その最たるものが浮浪者なのであった。彼らの反対に位置するのは、まじめに仕事をしている者たちである。

これが一七世紀になると、「怠惰」の対概念が徐々に「勤勉」industry となっていく。それはピューリタニズムの普及のためや、形成されつつある産業社会からの要請でもあったのだろう。この場合も「怠惰」は否定の対象であるが、後述するように、「怠惰な者」もうまく「勤勉」へと導けば、利潤を生み出す存在となり、さらには国富の源泉にも成り得るという思想が現れてくる。

つまり言い換えれば、一六世紀においては、「怠惰」は社会的秩序や治安の観点から否定されたが、一七世紀になるとより経済的な観点から否定される概念となるということである。「危険な貧民」はやがて「儲けの対象としての貧民」となり、社会は無数の貧民のなかに眠っている安い「労働力」を再発見していくのである。これがいわゆる一七世紀後半の「貧民の有利な雇用」論である。その時に再び、「貧民観」の大きな転換が生じたのであった。

このように見てくると、近世のイギリス社会では「怠惰」が否定され、「怠惰に対する闘い」が継続して行われていたのであって、その闘いの性質ややり方は変っていったが、そのなかから様々な政策や思想が生まれ出て来たのであった。イギリス近世の社会政策は、まさに「怠惰」に対する闘いであったと言っても過言ではない。

ともあれ、「危険な貧民」を否定するための言葉として、「怠惰」は特に一六世紀になると非難の大合唱を浴びることになる。諸悪の根元が「怠惰」だと言うわけである。そして「怠惰」に対する対策がいろいろと考え出された。本章においては、このあたりのことを中心に述べていきたいが、この第二章と次の第三章においては、ロンドンのブライドウェルという名前の矯正院[1]とその史料を登場させたいと思う。わたし自身の研究対象だからではあるが、特にその史料を見てみると、理論や理屈とは別に、実際に当時生きていた人々の様子を少し知ることができるからである。

ブライドウェルとは、もともとヘンリー八世が建造した王宮であり、ロンドンのテムズ川とフリート川との接点あたりに存在した。そこはセント・ブライド Saint Bride という名の教区であったが、そのなかに有名な井戸 well があって、そこからブライドウェル Bridewell という名前が生まれたと言われている。ところが、ヘンリー八世は汚染されたフリート川の臭いをいやがり、住むのをやめたため、やがてその王宮はほとんど使用されない空き家同然となっていた。そうした時、一六世紀半ばになって、ロンドン市の有力者たちが時の少年王エドワード六世に嘆願して、その土地建物をロンドン市に下賜してもらったのである。使用目的は、当時のロンドンの貧民対策用であったが、特に浮浪者や売春婦たちの矯正施設とするためであった。つまり怠惰な者や不品行な者たちに、施設内で強制労働を課して、その怠惰や不品行を矯正することが目標にされていた。国王勅許状により下賜されたのは一五五三年のことであったが、その直後にエドワード六世が亡くなったため、話がややこしくなった。次のメアリー一世がその勅許状をなかなか認めなかったからである。メアリー一世にとっては、自分の父（ヘンリー八世）が造営した王宮に、浮浪者や売春婦を住まわせること自体に抵抗があったようである。しかし一五五六年になってようやくメアリーも勅許を承認し、その年の末から、ブライドウェルの王宮は矯正院へと生まれ変わって活動を始めることになる。(2)

ブライドウェルの活動を記録した史料は、ブライドウェル矯正院法廷記録 Bridewell Hospital Court Books と呼ばれるものであり、エリザベス一世の時代に入った一五五九年四月以降のものが残されている。(3) だが、ロンドン大火の際の混乱なども原因だったのか、特に初期の巻には欠落しているところがある。

ところで当時の大部分の歴史史料がそうであるように、この史料は手書きの古文書であって、慣れるまではなかなか読みづらい。特に、古文書に関する素養が全くなかったわたしにとっては、暗号を解読する思いであった。一ページ(正しくはページではなくてフォリオと言うが)をほぼ完全に読めるようになるまでに、三ヶ月は掛かったように記憶している。「無職の状態」で、毎日ほぼ「解読」に費やしてである。当時の英文法は現代とたいして違わないと思うが、アルファベットの書き方が全く異なっていて、また単語のスペルもたいてい違っているからであろう。

この「法廷記録」の大部分は、施設に連行された者に関する記録である。つまりその者の氏名、連行の日付、身分や職業、容疑内容、処罰、釈放の日付などが書き残されている。たいていの記事は短いものではあるが、当時に生きた人々のことが、特に最下層の民衆の姿が、このマニュスクリプトのなかに描かれているのである。

さて、この「法廷記録」や、ブライドウェルの設立に関する史料、また「救貧法」などに基づいて、一六世紀の「怠惰」とその対策について以下に見ていきたい。

一、貧困と「怠惰」

ロンドンのブライドウェル矯正院 Bridewell Hospital は、まさしく怠惰の取り締まりがその設立目的の一つであったが、設立前年の一五五二年に、ロンドンの有力市民によって、枢密院に宛てて書かれた「ブライドウェル矯正院設立嘆願書」は以下のように述べている。

まず最初に閣下に次のことをご理解いただきたいと存じます。つまり、物乞いや盗みが市に溢れていることは誰の目にも明らかだということです。そしてそうした状態を正すためにいくつの法令が定められてきたのかを、だがこれまでほとんど改善されてこなかったことを、われわれは想起するのであります。そして物乞いや盗みが溢れている原因を見つけ出そうとわれわれは考え、然るべき検討の結果、次のことをはっきりと認識したのであります。すなわち、あらゆるそうした貧窮と物乞いの原因は怠惰であるということです。そしてそれを直す手段、治療法はその反対のもの、つまり労働によってでなければならない、ということです。怠惰な者に、働け！　働け！　と言うのは、あらゆる人々が用いてきた言葉ですが、たとえそう言われ続けてきたとしても、物乞いを一掃するための手段は労働なのだということ

です。(4)

怠惰と労働を対比させ、前者が貧困の原因であり、後者がその治療薬ということになる。また、ブライドウェルを管理する理事たちのためにその運営原則を明記した史料は、施設の設立目的を述べつつ、こうした考えをさらに拡大している。

ブライドウェルは、そのために設立される価値ある果実を産するであろう。すなわち、あらゆる美徳の敵である怠惰の抑圧のために、またあらゆる悪徳の征服者である良き訓練を奨励するために、永続的に存在する施設になることである。(5)

つまり、怠惰が諸悪の根元であり、労働（訓練）がその解決策なのである。こうした思想に基づいて、ブライドウェル矯正院は「不品行でまた怠惰であるように思われるあらゆる疑わしき者たち(6)」を施設に監禁して、労働させることを目的としていたのである。

この同じ史料には、貧民と物乞い者との違いが以下のように説明されている。

……というのは、貧民と物乞い者との間には、正直な人間と泥棒との違いほどの大きな相違があるのだ。貧民は、老齢や病気に苦しみ、あるいは損害などによって窮乏して、地に打ちのめされた人であり、体力と精神力が続く限り、手に入るものを得ようと自ら進んで労働する人である。それに対して物乞い者は正反対である。物乞い者は、良き訓練に決して身をゆだねようとはせず、絶えず怠惰に執着し、自分のところや留置所にやって来る若者を、同じ邪悪な生活に導こうとそそのかす者なのである。(7)

ここに語られている「貧民」は救済に値する働けない貧民を指し、「物乞い者」は浮浪者を含め、働けるのに働いていない貧民のことを言っている。

働いていない貧民や浮浪者は怠惰であるので、ブライドウェルの施設内で強制労働を課して、労働の習慣を身に付けさせることが考えられていた。それで設立当初のブライドウェルには作業場が設けられ、布作り、釘作り、挽き臼を用いた穀類の粉挽き、パン焼きの仕事が行われていた。後には仕事の種類も多様になり、収容者に仕事を教えるために職人が雇用されたりもしている。だが、この施設は慢性的に財政難の状態にあり、施設に収容されて労働訓練を受けた者は、むしろ少数なのであった。(8)

働いていない者が怠惰であるとの考えに対しては、今日的観点からすれば、異議が唱えられるであろう。何故なら、イギリス近世の特に一六世紀後半は、厳しい不況の時代であったからである。同世紀前半における毛織物産業の発展に伴った好況から、世紀半ばの通貨改革を経て、後半には一転して慢性的不況をイギリスは経験していたのである。(9)こうした状況のなかで、職を求めてロンドンのような都市に移住して来たとしても、何ら技術も持たずに職を得られる者はむしろ幸運であったに違いない。従って、働いていない貧民や浮浪者が必ずしも怠惰であるとは限らず、働きたくても職がないという現状から物乞いする者も多かったと考えられる。つまり、今日から考えれば、彼らの多くは失業者であった。

一般に一六世紀のイギリスでは、貧困の原因を不況による失業には求めず、それを怠惰に帰して、怠惰を厳しく取り締まったのである。だが当然のことながら、彼らを処罰する法をいくら厳しくしても、失業が減少しない限り、貧民や浮浪者が減ることはなかった。彼らは物乞いせざるを得なかったのである。実際、一六世紀半ば以降、貧民問題・浮浪者問題はますます深刻化していったのである。

さて、働いていない貧民や浮浪者を怠惰であるとして厳しく非難する当時の人々の態度は、いわゆる「救貧法」Poor Law(10)にも明確に表明されている。

二、「救貧法」と「怠惰」

一五三一年の「救貧法」は、「物乞い者と浮浪者の懲罰に関する」法令となっている。その序文において以下のような説明が成されている。

この王国中のあらゆる場所で、浮浪者と物乞い者が長年にわたって増え続け、現在でも極端に多くの人数にまで日々増えている。それは、あらゆる悪徳の母体であり根元であるところの怠惰という理由によってであり、それによって絶えざる窃盗、殺人、そして他の極悪犯罪や大罪が引き起こされてきたし、また現在も引き起こされているのである。それは神の大いなる不快を招き、王の人民に不安と損害をもたらし、国家に信じがたいほどの混乱を引き起こしているのである。そしてこれまで多くの多様で良き規定、また厳格な法令や布告が、前記の状態を然るべく改善するために創案され、制定されてきたのであるが、それにもかかわらず、浮浪者と物乞い者の人数は減るどころか、むしろ誰の目にも明らかなように、彼らは日々大群衆へと増え続けているのである(11)。

このように、怠惰に関してこの法令で述べられていることは、これまで引用された記述と同じであり、諸悪の根元としての怠惰という思想をここでも確認することができる。そしてこの思想は、イギリス近世の「救貧法」全体に一貫したものであると言えよう。

さてこれまで、「働いていない貧民」、「浮浪者」、「物乞い者」などの言葉を言わば無造作に用いてきたが、「救貧法」に見られる浮浪者の定義をここで取り上げてみたい。一五三一年の「救貧法」には浮浪者を定義した箇所が存在する。

身体が健全かつ強健で労働可能でありながら、土地や主人を持たず、生計を立てるためのいかなる合法的な商売も職業もしくは手職も利用しない者たち(12)

われわれには奇異に思われるが、この定義には「浮浪(放浪)している」という条件が含まれていないのであり、要するに働けるのに働いていない者が浮浪者ということになる。従って、「浮浪者」も「働いていない貧民」も「物乞い者」もほぼ同義のことを指していて、前二者が物乞いしていて逮捕されれば、「物乞い者」として扱われるに過ぎない。物乞いの行為に関してはこの同じ法令によって、労働が可能でない貧民に許可証を与えて物乞いさせる制度が成立し、許可証なき物乞い者は逮捕されたのである(13)。

また、この定義のなかの「主人を持たず」という箇所については、労働が可能で独立の手段がない者は誰でも主人を持たねばならないということが、一四世紀以来、法によって決められていたからである(14)。そうした者は「主人なき者」masterless man と呼ばれたのであり、浮浪者とほとんど同義であった。

さらに、怠惰という観念に立ち戻るならば、以上の同義語とこれまたほとんど同じ意味に用いられていることが分かるのである。一五四七年の「救貧法」には次のような叙述が成されている。

怠惰と浮浪はあらゆる窃盗、強盗、そして他の邪悪な行為や危害の母体であり、根元である。

それらを王と議会は、大いに苦心して抑制しようとしばしば努力してきたが、しかし法の執行を受けるべき者たちに対する愚かな憐れみのために、かの立派な法令は、これまで効果の少ないものになっていた。そして、怠惰で浮浪する者たち、つまり国家に利益をもたらさない連中、あるいはむしろ国家の敵、が生き残り増えることを許されてきたのだ。彼らがもし死によって、鞭打ちによって、あるいは投獄や他の身体的苦痛によって、処罰されるのであるなら、法令の効果が現れるであろう。もし彼らが雇用されることができれば、それはもっと望ましいことであろう。(15)

つまり、怠惰と浮浪は原因と結果の関係であり、それらの指し示す対象は同じ集団なのである。このことは、より古い一四九五年と一五〇三年の「救貧法」においても窺い知ることができる。「浮浪者と物乞い者に対する法」と題されたこれらの法令は、以下のように規定している。

……すべての浮浪者、怠惰な者、怪しげに生活している不審者に対して然るべき捜索を行い、逮捕して、彼らを晒台に固定し、パンと水以外の食べ物を与えないで三日三晩放置する。その後、晒台から解放し、その町から出て行くように命じること。(16)

「浮浪者と物乞い者に対する法」において、「怠惰な者」がその取り締まりの対象にされていて、その者たちを晒台の刑に処すことが定められているのである。この条文は上記引用箇所に続けて、当人が同じ町で再度逮捕された場合、四日間晒台に固定すること、また当人に他の飲食物を与えた者やこの犯罪を黙認した者に対しては、一二ペンスの罰金を科すことが規定されている。(17)

かくして、「怠惰」は刑罰の対象となる犯罪であったが、これまで述べてきたように、「浮浪者」、「主人なき者」、「物乞い者」、「怠惰な者」は、ほとんど同じ対象を指す名称なのであった。すなわち、彼らは労働が可能であるにもかかわらず働いていない貧民なのであり、それは怠惰が原因であるということにほかならない。職が見つからず、働きたくても働けないという事情には関係なく、雇用者のもとで働いていない状態自体が違法であり、「怠惰」はそうした状態をも意味したのである。

テューダー朝最初の「救貧法」であるこの一四九五年法によって、怠惰な浮浪者に対しては晒台の刑に処すことが決められたが、彼らに対する処罰はこの後の「救貧法」によって、以下のように変遷していく。(18)

一四九五年法……晒台

一五三一年法……鞭打ち

一五三六年法……初犯は鞭打ち
再犯は鞭打ちと右耳の上部を切除
再々犯は死刑

一五四七年法……Vの字を焼き印し、二年間奴隷
逃亡すれば、Sの字を焼き印し、終生奴隷
さらに逃亡すれば死刑

一五七二年法……鞭打ちと右耳に一インチの穴開け
再犯は聖職者特権付きの死刑[19]
再々犯は聖職者特権を認めず死刑及び財産没収

このように、働いていない「怠惰な者」に対する処罰は過酷さを増していく。だが法が度々改定されること自体が、法の非有効性を如実に物語っていると言えよう。彼らにとっては、職が見つからない以上、浮浪して物乞いせざるを得ない事情があった。従って、処罰を受けて都市から追放されたとしても、再びその都市に戻って来る浮浪者が多かったのである。再犯や再々犯の処罰についての周到な規定が盛り込まれていることも、そのことを示しているであろう。

われわれから見れば彼らは失業者であり、社会経済的状況が変化しない限り、取り締まりの法をいくら厳しくしても、彼ら浮浪者は減少しないことが理解されよう。だが、一五七二年までの「救貧法」においては、ひたすら処罰を厳格化していくことで盲目的に浮浪者問題を解決しようとしていたように思われる。こうした事態に幾分変化が現れてくるのが、一五七六年法からであった。つまり、矯正院を設立して浮浪者を監禁し、彼らの怠惰を矯正するという方法である。[20]エリザベス「救貧法」の完成と言われる、一五九八年法と一六〇一年法においても、浮浪者に対する処罰は鞭打ちと矯正院送付を組み合わせたものであった。[21]

それらの「救貧法」で規定された矯正院は、ロンドンのブライドウェル矯正院をモデルとしている。次に、ブライドウェル矯正院による怠惰の取り締まりについて検証してみたい。

三、ブライドウェル矯正院と「怠惰」

一五五三年にブライドウェルの王宮をロンドン市が譲り受けて設立されたブライドウェル矯正院は、前述のように、「不品行」と「怠惰」がその取り締まりの対象であった。「不品行」とは主に性的不品行を意味していて、売春や婚外交渉など、様々な性犯罪を犯した者が対象とされている。「怠惰」はこれまで述べてきたように、働いていない状態をも意味し、浮浪者を中心とした無職の貧民を主に対象とする。だが、わたしのこれまでの研究が示すように、ブライドウェルはその他様々な道徳違反者を取り締まりの対象としていて、[22] ロンドン住民の道徳を管理し、そうすることで市の治安維持や社会的安定性を追求する施設なのであった。[23] ここでは、そうしたブライドウェルの活動における怠惰の取り締まりに焦点を合わせてみたい。

ブライドウェル矯正院の活動を明らかにするには、残存しているその「法廷記録」に依拠することが必要である。「法廷記録」は主に施設に連行されて来た者たちを取り調べ、その処置を記録した史料であり、一五五九年度[24]から残存している。以下においては、エリザベス時代の初期におけるブライドウェルの活動を記録した「法廷記録」第一巻の分析に基づき、当該施設による怠惰の取り締まりについて検証してみたい。

まず、次の二つの事例を取り上げよう。

ジョン・グリーン。クライスツ・ホスピタルの監督官たちの命令に基づき、巡察官のダビンズとメイスによって、(一五六一年)[25] 一一月三日に当所に連れて来られた。というのは、彼は屈強な浮浪者であり、邪悪で怠惰な奴だからである。そして物乞いしていて捕まったのである。それ故、同日、当所において鞭打たれ、当所の労働につかされた。一五六一年一一月八日に釈放された。〈fol. 169a〉[26]

ウィリアム・プラー。二人の執行官によって(一五六一年)一二月一七日に当所に連れて来られた。というのは、彼はごろつきであり、浮浪者、仕事をせず誰の奉公人でもない怠惰な人間として、通りをぶらぶらさまよっているところを捕まったからである。それ故、挽き臼の労働につかされた。〈fol. 181a〉

二人とも浮浪者 vagabond として連行されているが、前者は物乞いしているところを、後者は放浪しているところを逮捕されている。前者の記事に見られる巡察官とは、ブライドウェルを含めた四つのホスピタル[27]に常勤している役人で、この時期には合計八人がその職務に雇用されている。[28]それぞれロンドン市内の定められた地区を巡回して、違反者を連行することになっていた。このケースでは、二人の巡察官がグリーンを逮捕して、クライスツ・ホスピタルの監督官が彼をブライドウェルに連行するように命令したのであろう。だが、違反者のブライドウェルへの連行は、巡察官によるものだけではなく、後者の記事に見られるように、様々な他の役人や人物によっても行われていた。これら二つの記事からも、前述のように、浮浪者、物乞い者、主人なき者、怠惰な者という呼称が、同一の人物を指し示すほとんど同義のものであることが分かるであろう。

浮浪者に対してブライドウェルが行う処罰は、鞭打ちと強制労働であった。この場合の強制労働は大型の挽き臼を数人で回転させる重労働であり、彼らの怠惰を矯正するためのものである。前述の「救貧法」に規定されている厳しい処罰、例えば一五七二年法に見られる右耳に一インチの穴を開けるような処罰は、ブライドウェルにおいては行われていない。「救貧法」の執行機関は四季裁判所や治安官など、ブライドウェルとは別なのである。

ところで、浮浪者であるかどうかの判断は、その者を雇用する主人がいるかどうかが実際的基準であったと思われる。従って、次の事例のように、本人にそのことを問いただす必要があった。

エドワード・ディケンソン。肉屋。バスカーフィールド氏の命令に基づき、彼の小役人によって、(一五六二年)一月七日に当所に連れて来られた。というのは、彼は放浪するならず者であるジョアン・バードなる者と一緒に、不審にもある店で酒を飲んでいて捕まったからである。そしてそのディケンソンは、ジョアン・バードと知り合いであるのか、また誰が自分の主人であるかを尋問された。彼が言うには、ジョアンは自分がその店に来た時に見つけただけだが、自分には主人がおらず、自分は浮浪者、怠惰な放浪者のようなものだと答えた。それ故、彼は一月一一日に十分に鞭打たれ、挽き臼の労働につかされた。一月一四日に開かれた法廷の裁決により、同日釈放された。〈fol. 185b〉

ディケンソンの職業が肉屋となっているので、本来肉屋の仕事をしていたのであろうが、逮捕当時は働いていなかったようである。それで、浮浪者、怠惰な放浪者の「ようなもの」だと答えている。失業したのか、あるいは怠けて仕事をしていないだけであるのかは不明だが、ブライドウェルの対応は、他の浮浪者と全く同じである。このことは、次の少年についても同様である。

リチャード・ボーム。怠惰で主人のいない少年。巡察官のメイスにより（一五六二年）三月三日に当所に連れて来られた。というのは、彼は奉公口を失って、通りをあちこちさまよっていたからである。挽き臼の労働につかされた。〈fol. 199b〉

つまり、もし職があれば働く意志があるのかどうかと言ったことは、取り締まりや処罰の基準にはならず、失業状態にいることはすなわち怠惰なのであって、浮浪者と同じだということである。ただ、次の事例のヴァランスは、いわゆる怠惰から仕事を忌避していることが窺え、こうした場合は非難の気持ちがより強く表れているように思われる。

ウィリアム・ヴァランス。下劣で邪悪で怠惰な浮浪者。この者は、以前当所に収容されていたことがある。今回、ピアス氏の命令に基づき、巡察官のロバートによって連れて来られた。というのは、彼は下劣で邪悪で怠惰な奴であり、腕のいい職人ではあるが、決して働こうとはしないからである。それ故、（一五六二年）一月一一日に十分に鞭打たれ、挽き臼の労働につかされた。〈fol. 185a〉

職名は不明だが「腕のいい職人」であるこの人物は、いわゆる怠惰から仕事をしないため、「下劣で邪悪で」あると非難され、「十分に」鞭打たれている。

ブライドウェル矯正院は、こうした怠惰な者たちに強制労働を課して、その怠惰を矯正することを目的としていたが、ヴァランスのように再犯者として収容される者も多かったのである。次の人物も再犯者である。

ジョン・スノー。怠惰な浮浪者。セア氏の命令によって、一五六一年六月六日に当所に連れて来られた。というのは、彼は不品行で怠惰な悪漢であり、働こうとはしないからである。そして酒ばかり飲んで、自堕落にしているのである。そして彼は、以前にも当所に収容されていたことがある。〈fol. 137b〉

浮浪と酔っ払いを繰り返すこの人物は、「法廷記録」第一巻によると、ブライドウェルに合計五回収容されていることになる。[29]従って、施設による矯正の効果はあまり期待できるものではなかったと考えられる。

女性の浮浪者については、売春婦などとして記述されることが多い。事例を二つ挙げてみよう。

マーゲット・アイスバンド。邪悪で放浪する売春婦。この者は、以前当所に収容されていたが、今回、クライスツ・ホスピタルの監督官たちの命令によって、(一五六二年)三月一〇日に送られて来た。というのは、彼女は決して働こうとはせず、常習的に物乞いしながら通り

をうろついているからである。それ故、女性看守のもとへ送られた。〈fol. 202b〉

エマ・ロムデイ、別名、ウォーカー。怠惰な売春婦。一五五九年一二月三〇日に当所に連れて来られた。というのは、このエマは下品で怠惰な者として見つけられたからである。それ故、同年同日、当所の労働につかされた。〈fol. 47b〉

二人とも犯罪内容は売春ではなく、仕事をしていないという理由であり、これまで引用された男性の事例と同じである。ただ、処罰は女性の場合、挽き臼の労働は行われず、女性看守が監督する作業場で布作りの仕事を強制される。この二つのケースには記載されていないが、女性に対しても鞭打ちは普通に行われていた。

さて、主人を持たず、仕事をしていない明白な浮浪者とは異なり、徒弟やサーヴァントが仕事を忌避し、あるいは反抗的であるためにブライドウェルに連行されるケースも数多い。こうした場合は、その怠惰の意味するところは仕事に対する「怠慢」であり、失業状態とは異なっている。

ブライアン・キャッチーサイド。セント・ベネット教区のフィンクス・レインに居住する靴下肌着商であるジョン・テイラーの徒弟。スタージョン氏の命令に基づき、当所に連れて来られた。というのは、彼は怠惰で頑固なごろつきであり、彼の親方に従うのを拒むからであ

る。それ故、一五五九年八月一六日に当所の労働につかされた。〈fol. 16b〉

ジョン・コート。ワイン商であるトーマス・ルーの徒弟。一五六〇年四月二六日に当所に連れて来られた。というのは、この徒弟は、怠惰で不品行のごろつきであるとの嫌疑を掛けられているからである。そして、彼は自分の親方からいろいろな物を横領したからである。〈fol. 76a〉

前者は親方に反抗的であり、後者は親方の物を横領したとのことであるが、二人とも仕事を怠けてしないようである。両者ともに雇用主の主人がいるわけであるから、「主人なき者」ではなく浮浪者でもないのだが連行されて来ている。実際、こうした職を持つ者の「怠惰」も、ブライドウェルの取り締まりの重要な側面なのであった。何故なら、彼らがもし親方のもとから離れることになれば、浮浪者となってしまう可能性があるので、それを未然に防ぐという意味合いがあった。そのために彼らの怠惰や反抗的性格を矯正して、親方と徒弟・サーヴァントとの間の関係を保全する必要があったのである。

このように、ブライドウェル矯正院における怠惰の取り締まりは、「救貧法」による取り締まりとは独自に、仕事をしない貧民を対象とするものではあったが、職の有無にかかわらず、いわゆる怠け者を含めた幅広いものであった。すなわち、主人なき者や浮浪者の怠惰だけではなく、下層の労働者層全体の怠惰がその取り締まりの対象であり、道徳の領域に踏み込むものであった。

＊　　＊　　＊

今日から見れば失業者であった浮浪者を、「救貧法」によってかくも過酷に処罰した事実は、当時の貧民問題・浮浪者問題がいかに深刻なものであったかを端的に示している。あるいは当局や都市住民が、それをいかに深刻な問題であると感じていたかを示しているのである。そして彼らは、浮浪や貧困の原因を怠惰に帰し、厳罰を与えて彼らを追放することで問題を解決しようとしたのであった。だが、誤った原因認識に基づくこうした社会政策が失敗の連続であり、「救貧法」の度々の改定を必要としたことは当然の帰結であったように思われる。

このように、怠惰の処罰に関して紆余曲折を見た近世のイギリスにおいて、矯正院という施設の登場はかつての厳罰主義の敗北を宣言し、労働を通しての矯正を行うとともに道徳面の取り締まりを強化していく新たな試みであった。それは怠惰に対する新しい闘いであったとも言えよう。すなわち、過酷な身体刑によって怠惰を排除・予防する闘いから、労働による怠惰の矯正を目指す闘いへの転換である。

その最初の企てとしてのロンドン・ブライドウェル矯正院による怠惰の取り締まりは、矯正面において十分な成功を収めなかったとしても、当局には評価され、一五七六年の「救貧法」に取り入れられた。そして全国的に類似の「矯正院」House of Correction が設立されることになる。ブライドウェル以外のこうした矯正院の実態に関する詳細な実証研究はまだ行われていないが、ジョアンナ・イニスによれば、エリザベス期のブライドウェルと基本的に同じ活動を一八世紀末まで続けたものと考えられる(30)。

イギリス近世におけるこうした怠惰の取り締まりは、実はイギリスのみに限られたものではなかった。同時期の他のヨーロッパ諸国においても、貧民や浮浪者を監禁する独特の施設が創設され、彼らに強制労働を課したのである。そしてどこにおいても問題となったのは、「怠惰」の矯正であった。例えば、イギリスに次いでいち早く矯正施設を設立したオランダにおいては、水責めの矯正方法が案出されている。つまり、労働を忌避する者を地下室に監禁し、徐々に水を満たしていき、その者が絶えず水を汲み上げなければ溺死してしまう状態にするのである。こうした「労働」を行わせることで、その「怠惰」が矯正されると考えられたのである(31)。かくして、怠惰に対する闘いは近世のヨーロッパ中で行われていたのであるが、この歴史的事実の詳細については、どこにおいても十分な研究が成されているとは言い難い。

近代社会が形成されてくる過程において、「怠惰」は否定されていった一つの観念であり、「怠惰な者」は取り締まりの対象となり、処罰され、あるいは矯正された者たちであった。こうした事実の究明と解釈は、近代社会を問い直し、近代社会に関する新しい認識を得るためにも必要であると思われる。

第三章　矯正院と社会統制——ロンドンの場合——

現在のロンドンにおいても、いわゆる「危ない」場所はいくつかあると言われている。留学で滞在していた時にわたしが最初に住んでいた地区は、後で知ったことだが、ロンドンで二番目か三番目ぐらいに危ないと言われている所であった。それでも大して危険な目に遭うこともなく、そこには三ヶ月ぐらいいて、ロンドン西部の方に引っ越した。その時わたしが、いろんな人から危険な場所だと聞かされていたのは、だいたいロンドンの南と東に位置していたように思う。ただそれは、あくまでも風評ではあるが。

本書が対象としている近世のロンドンで、当時の人が危険だと考えていた場所も、恐らく南部と東部ではなかっただろうか。ロンドンは中世から存在する都市で、一六世紀頃にはまだ市壁が残っていたが、市壁の内部がロンドンシティー、その外がロンドン郊外となる。当時の「危険な貧民」、特に浮浪者たちは、主に南部郊外や東部郊外に多く滞在していたからである。彼らは市壁を越えてシティーに入り、物乞いするのであった。あるいは市壁の内外で、スリや売春など、犯罪を犯して生活することになる。また、特に南部郊外（サザークと呼ばれる）には劇場や売春宿、居酒屋も多く存在していて、当時の「娯楽地区」でもあった。

警察機構がまだ近代ほど整っていない当時に、移民で急速に成長するロンドンの治安を維持するのは非常に難しい課題であったに違いない。一六世紀後半以降、市当局は人口調査を行おうとするが、これは人間の数を数えると同時に、問題のある者たちを分類して確定していく政治的手段でもあった。[1] いわゆるマーキング、ラベリングである。市民であるかどうかの区分が最も基本的な境界線であって、善良な市民の対極が、「野獣のような」浮浪者であった。つまり「怠惰な」者たちである。

共同体は、「それが定義できない人々に対しては対処できない」[2]わけだから、浮浪者の定義が行われ、彼らに対して「怠惰な」、「いかがわしい」、「手に負えない」、「野獣のような」といったラベリングがなされ、否定されていくのである。

こうして、浮浪者に対する取り締まりや排除が厳しく行われていく一方で、「内なる浮浪者」の取り締まりやその予防が進行していく。つまり、ロンドン住民であっても、また職業を有していても、その怠惰や道徳が問題にされたのである。彼らが怠惰にして仕事をしないなら浮浪者同然だし、また怠惰を続けて職を失うと、実際に浮浪者になってしまうかも知れない。こうしたことを市は極力予防したかったはずである。特に、若年労働者である徒弟やサーヴァントたちは、その親方・主人との関係が不安定であり、そのもとから離れてしまうことがあった。それは不況のしわ寄せによる場合もあるが、何らかのトラブルによって、関係を絶つことも多かった。そうなると彼らも浮浪者になってしまう可能性があったのである。彼らは言わば、「浮浪者予備軍」を形成していた。そのため彼らの道徳を管理して、浮浪者への「転落」を防止する必要があったのである。それは同時に、浮浪以外の犯罪も予防するための方策でもあったのだ。つまり、道徳違反を取り締まることで秩序を保ち、犯罪を予防していくやり方である。道徳違反のレヴェルで「押え込む」ことによって、より深刻な犯罪の芽を未然に摘み取るわけである。こうした役割を担っていたのが、ブライドウェル矯正院であった。そしてこの施設は、そうした様々な道徳違反者の矯正を外部から依頼され、それを受け入れていたのである。後述するように、この矯正院は外部に「開かれた」施設なのであった。何か問題のある人物の矯正を、基本的には誰でもこの施設に依頼できたわけであり、誰でもこの施設を利用することができたのである。

こうした点については、わたしの前著『エリザベス朝時代の犯罪者たち』のなかで、少し主張されているが、わたしの説明が不足していたし、また「権力形態」という言葉を用いてフーコーにも少し言及したので、分かりにくくなったようである。もちろんそこで述べた、矯正院を用いた新たな「権力形態」というものは、フーコーの語る規律・訓練（ディシプリーヌ）に基づく「近代権力システム」[3]とは全く異なっている。「近代権力システム」のように緻密で、抜け目のない、効率的な権力ではなく、それはもっと粗雑で非効率的な権力形態である。だが、それは民衆の統治においてやはり力を持っていたし、それだからこそヨーロッパ中で同じような矯正院が続々と作られていったのだと思われる。そのどこにおいても問題にされたのは「怠惰」であった。つまり、「怠惰」を否定の基軸にした統治方法である。民衆のなかの「怠惰」を取り締まることで、民衆に対する支配を拡大していくわけである。その中心的役割を担ったのが矯正院であった。矯正院のなかに「怠惰な」者を監禁してその「怠惰」を矯正するわけだが、例えば親方が自分の「怠惰な」徒弟をそこに連れて行くことも可能だったのであり、それで「言うことを聞かせる」ようにすることもできたのである。この施設は外部に開かれていたからである。一六世紀半ば以降のヨーロッパの矯正院は、それまでの監獄とは全く異なるこうした機能を有していたのである。それまでの監獄には、裁判待ちの被告や債務不履行者を拘留しておく機能しかなく、刑罰用の監禁施設としてはあまり用いられていなかった(4)。当時の刑罰は、公開の身体刑が中心だったからである。従って、矯正院を用いた統治方法を新たな権力形態として考えることが可能であるが、この章では、この問題を別の角度から捉え直したいと思う。つまり、都市の「安定追求」の手段としての矯正院である。

一、課題設定

都市や国家の治安維持の問題は、時代や場所を超えて、常に人々の関心事であったし今後も関心事であり続けるだろう。犯罪や騒擾を抑制することは、都市当局・国家当局にとって肝要な課題であり、そのために様々な方策が取られてきた。

近世のロンドンにおいても治安維持の問題は極めて重要であった。特に一六世紀半ばから一七世紀半ばにかけては、大量の移民の流入による急激な人口増加を経験し、首都ロンドンは大都市へと成長していく過程にあった。[5] 当時の厳しい不況下に生じたこの急激な都市化現象は、都市内部やその周辺に様々な社会問題を生み出したが、治安の悪化はそのなかでも特に憂慮されるものであった。そして当時の治安維持の問題は、浮浪者・貧民を含めた下層民をいかに統治するかという問題に直結するものなのであった。なぜなら犯罪や騒乱の中心主体は下層民であると考えられていて、当局は常に彼らを危険視していたからである。では、近世ロンドンにおける下層民の統治、すなわち下層民を中心にした社会統制はどのようにして行われていたのか。本章は、その一つの重要な側面を捉えようとする試みである。

この問題設定は近年のロンドン史研究において議論されている、いわゆる「安定論争」と関わっている。「安定論争」とは、浮浪者の急増など、人口増加に起因する諸問題に市政が対応できず、社会的緊張が激化していったとする従来の見解[6]に対して、近世のロンドンが比較的安定した社会であったと主張する研究者が現われ[7]、前者の「危機論」者と後者の「安定論」者との間で続いている論争である。[8]「安定論」の立場に立つ研究者たちは、ロンドン市の下部組織である、区 ward、教区 parish、ギルド company などが市政に果たした役割を強調している。つまり、それらの組織が凝集力の強い共同体を形成し、裁判機構も有してその規範を維持していたため、市の末端行政が安定していたと考える。そして同時に、市政に対する民衆の不満や要望が上層エリートにまで届き、結束力の強いエリート層がそうした不満や要望に巧みに対処できるようなダイナミズムが存在していたとする。こうした結果として、近世のロンドン市全体が安定を保っていたと考えるのである。

この論争において、「安定論」の楽観的な部分を戒めつつも、包括的で緻密な史料分析に基づき、ロンドン市の安定追求の諸相を明らかにしていったI・アーチャーの著作[9]こそは、正に論争の画期を成すものであったと言える。だが、近世ロンドン市の安定追求の問題において、アーチャーをも含めたこれまでの研究者たちが十分には論じてこなかった側面も存在する。つまり、ロンドン市の矯正院であったブライドウェルを通しての民衆統治、社会統制の問題である。この章では、ブライドウェル矯正院の活動を、その「法廷記録」に基づいて分析することによって、エリザベス時代における下層民を中心にした社会統制の態様を明らかにし、この施設がロンドンの安定追求に果たした役割を考察していきたいと思う。

二、ブライドウェル矯正院の「性格」

ロンドンでは一五五〇年前後に貧民政策の改革が行われた。[10] つまり、従来の「救貧法」に基づく教区中心の貧民政策に代わり、市当局が運営する比較的大きな施設を創設して貧民問題・浮浪者問題に対処しようとするような、教区の枠組みを超えた中央管理型の貧民政策が取られるようになる。創設あるいは再建された施設は五つあり、それぞれにホスピタルの名が付くが、貧民用の病院[11]、貧民孤児のための学校[12]、浮浪者や売春婦を監禁する矯正院[13]、精神病患者のための収容施設[14]、などの異なった性格を有していた。

ブライドウェル・ホスピタルはそのなかの矯正院であったが、一五五三年のエドワード六世の勅許により設立されている。ブライドウェルはもともとヘンリー八世が造営した王宮であったが、当時はほとんど使用されていなかったため、ロンドン主教やロンドンの有力市民たちによる嘆願に基づき、矯正院として使用されることになったのである。設立の目的は、「怠惰な売春婦や浮浪者に、まじめさと有効な訓練を強いる」ために、「そうした不品行で怠惰な者たちをブライドウェルに留めて労働させる[15]」ことであった。こうした言語表現の背後には、当時の貧民問題・浮浪者問題の原因が彼らの「怠惰」に存し、その治療は「労働」をもってしかない、との考え方があった。前述のように、一五五二年に書かれた「ブライドウェル設立嘆願書」にもこの思想は明記されている。「怠惰」は諸悪の根元であり、取り締まりの対象なのであった。そして「怠惰」の矯正のために、「怠惰」な者たちを監禁して労働させるための施設として、ブライドウェルが設立されたのである。

設立の際に、ブライドウェルの運営に携わる理事たち governors には、以下のような広範囲にわたる権限が国王により与えられている。

あなたたちは国王陛下の認可により以下の権限を有する。あなたたちのうち、二人以上居合わせている時はいつでも、不品行でまた怠惰であるように思われるあらゆる疑わしき者たちを、ブライドウェルに連行し、取り調べ、自己の判断に従ってその者を罰しても良い。……あなたたちはまたロンドン・シティーとその郊外、及びミドルセックス州内の宿屋、居酒屋、賭博場、ボーリング場、テニス場、そして邪悪な者たちが通うあらゆる疑わしき場所と家を訪問し、そのなかに入るだけではなく、その持ち主あるいは保有者、同様にそこに通う不品行の者たちを、男であっても女であっても、逮捕し、収監し、そして自身の判断に従って処罰する権限を持つ。(16)

つまり、理事たちには「不品行」lewdで「怠惰」idleであると思える人物を逮捕、連行、監禁、尋問、処罰する権限が与えられ、その権限はロンドンのシティー、郊外、そしてミドルセックス州をカヴァーするものであるとされている。

設立目的やこの権限内容に記されている「不品行」とは、「性的不品行」を中心にして、振る舞いの悪い状態一般を意味し、「怠惰」は怠け者であること以外に、合法的職業に就いていない状態一般をも指している。前述のように、これらの言葉によって、具体的には浮浪者や売春婦が取り締まりの対象として示されているのであるが、これらの語の持つ幅広い意味から考えても、取り締まりの権限が彼らに限定されていないことは明白である。実際、わたしが行ったこれまでの分析においても示されているように、この施設には実に様々な理由によって、様々な者たちが連行されていたのである。つまり、浮浪者や売春婦に限らず、下層民を中心としたロンドン住民全体の「怠惰」や「不品行」が取り締まりの対象になっていたのであり、要するにブライドウェルは住民一般の道徳管理を行っていたと言える。後述するように、道徳という漠として幅広くまた常に恣意性の入り得るような領域を取り締まりの対象にしていた点が、ロンドンの安定追求においてブライドウェルが果たした役割を明らかにする上で、重要な一要素となってくるのである。

以上のような権限を有する理事の任にはロンドンの市参事会員や有力市民が当たり、無給で奉職したが、彼らのなかにはピューリタンの者が多かったと言われる(17)。そして理事に与えられた取り締まりの権限を遂行するために、彼らの部下となる役人たちが有給で雇用されていて、なかでも巡察官 beadle は重要であった。すなわち、巡察官たちはロンドンの定められた区域を巡回して、自身の判断で不審者をブライドウェルに連行して来るか、あるいは理事の命に従い、取り締まり対象者を連れて来る役目を負わされていたのである。その場合、理事は知人からの情報など、何らかの手段によってその対象者の存在を知り得たのであろう。

さて、ブライドウェルは「怠惰」で「不品行」の者たちを、巡察官を用いて施設に連行したのであるが、ブライドウェルの活動はこうした取り締まり方法に限定されていなかったのである。このような施設独自の取り締まり活動とは別に、外部の者の依頼や要請によって、取り締まり対象者が施設へ連行される慣行が一般的に行われていた。ロンドンの住民にとって、道徳的に問題を持つ者が身近にいた場合、その者の矯正のためにブライドウェルを利用することが可能なのであった。つまり、ブライドウェルという施設は外部の者にも「開放」されていたわけであり、この「開放性」という施設の性格こそが、ロンドンの安定追求にとってはもう一つの重要な要素となったのである。

かくして、本章の問題設定との関わりにおいて重要となるブライドウェル矯正院の性格を、二点挙げることができる。

① ブライドウェルは「怠惰」や「不品行」といった道徳を取り締まりの対象にしていた。

② ロンドン住民が道徳違反者の矯正のためにブライドウェルを利用できるという、「開放的」性格を施設は有していた。

ブライドウェルのこうした特徴が、ロンドンの安定追求の政策に対していかなる寄与を成したかを明らかにするために、具体的な事例を挙げて考察していきたい。

三、事例の検証（1）――道徳の取り締まりについて――

ブライドウェル矯正院の活動を知る上で、ほとんど唯一の史料となる前述の「法廷記録」には、施設に連行されて来た者たちの尋問結果や施された処置などが記されている。ここでは、ブライドウェル設立当初のそうした記録を収めた「法廷記録」第一巻を中心に、事例を検証していきたい。

まず、設立目的のなかにも取り締まり対象として記されていた売春婦 harlot の事例を取り上げてみよう。

グリセル・ハーフォード。別名、バシル・ハーフォード。常習の売春婦。ニューマン氏により一五五九年一二月二二日に当所に連れて来られた。というのは、ホルボーンのフューター・レインでごろつきと付き合っているところを捕まったからである。そして、彼女は売春のことでしばしば忠告を受けていたが、自分の生活を改めていなかったので、同年同日、当所において処罰を受けた。〈fol. 43b〉

この場合の処罰は鞭打ち刑を意味していて、彼女がこの後収容され、施設内の労働を強いられたかどうかは判然としない。また、ニューマン氏はブライドウェルの理事の一人であるが、この女性をニューマン自身が逮捕したのか、あるいは彼の部下によるものか、また逮捕時の状況がいかなるものか、などの詳細は不明である。ただ、この女性が以前から目を付けられていたことが窺え、ニューマンは人づてにそのことを知ったのであろう。

「法廷記録」に記録された性犯罪のなかでは売春婦の事例が多いのであるが、だがブライドウェルによるこうした性の取り締まりは売春婦に限らず、下層民を中心とした住民全体の性道徳の取り締まりへと拡大していくのである。例を挙げてみよう。

アン・ピグドン。織物職人であるニコラス・ピグドンの妻。一五五九(一五六〇)[18]年二月二二日に当所に連れて来られた。というのは、同アンはクライスト教区のウォーリック・レインに居住する外科医のマーラント氏と、汚らわしくも性関係を持ったからである。そのため、当所の労働につかされた。〈fol. 62b〉

既婚女性の不貞に関する記事であり、この場合も詳細は不明であるが、この女性はブライドウェルに収容されて、強制労働を課されている。売買春や不貞において、相手の男性も同じような処罰を受けることになるが、このケースではマーラントに関する記事は見当たらない。

未婚の若者による性交渉の事例も多数記録されている。例えば、トーマス・ステイブル。ドレイパーズ・ヒルの近くに居住する仕立て商のハリー・ブッシュフィールドのサーヴァント。州長官であるバスカーフィールド氏の命令に基づき、（一五六二年）六月一〇日に当所に連れて来られた。というのは、彼は主人の家で同じくサーヴァントをしていたアグネス・スミスと私通を犯し、彼女を妊娠させたからである。それ故、彼は同日、十分に鞭打たれた。そしてバスカーフィールド氏の手紙に基づき、六月二三日、当所からオックスフォードシャーに行くべく釈放された。〈fol. 220a〉

若い徒弟やサーヴァントの間での性関係は、通常、このように鞭打ちの処罰の対象となり、取り締まりの厳しさが窺える。このケースでは、誰が州長官に通報したかは記されていないが、その多くは彼らの主人である。親方・主人は常に、自分の徒弟やサーヴァントの道徳管理に気を掛けていた。一般的に、不貞も含めた婚外交渉については、そうした知人や近所の者がブライドウェルに通報する場合が多いのであるが、配偶者や親が収容を依頼して矯正を願い出ることもある。

エリザベス・メリング。絹織物商であるクリストファー・メリングの娘。彼女の生活と不品行の改善のため、当所に彼女を収容してもらいたいという、彼女のその父親の要請により、当所に連れて来られた。そしてその父親は、一日当たり三ペンスの当所の通常の料金を支払うつもりである。そして彼女は一五六〇年五月一四日にやって来た。〈fol. 79b〉

「不品行」はこの場合、「性的不品行」を意味している。ブライドウェルは収容者に一日につき三ペンスの料金を課したが、彼女の父親はそれを支払っても、娘の矯正を望んだのである。

このように、売春婦の性的不品行の取り締まりは、住民全体の性的不品行の取り締まりへと拡大していくのである。だがこれまでの事例でも示されているように、性道徳の取り締まりは上から下への一方的な抑圧ではなく、住民が自ら取り締まる構造が存在したのである。その構造には、ブライドウェルの「開放性」という特徴が必須条件であったが、この点は後に論ずることにしたい。

一方、「怠惰」の取り締まりはどうであろうか。まず、浮浪者に関する記事を取り上げてみよう。

リチャード・ストリート。浮浪者。リコーダー氏の命令により、当所に連れて来られ、挽き臼の労働につかされた。〈fol. 18b〉

短い記事であるが、この事例のように、浮浪者が逮捕されるとブライドウェルに連行されて、挽き臼で穀物を挽く重労働を課された。「怠惰」の矯正のためである。このように、施設内での労働を通して犯罪者を矯正する目的で監獄が使用されることは、ヨーロッパ中世においては見られず、ブライドウェルは近代的監獄の萌芽として捉えることが可能である。だが、ブライドウェルでの収容は、たいてい一週間程度の短期間であり、「矯正」が成功していたとは考え難い。それは再収容される者が多かったことにも表れているであろう。[19] 従って、ブライドウェルの史的評価を、施設内の労働を通して収容者の矯正を試みるという、その新しい思想自体に求めることも可能であろう。だが、この施設が当時の社会において有した現実的な重要性は、住民全体に対する道徳の取り締まり活動にあったと考えられる。「怠惰」に関しても、浮浪者という犯罪者に限定されず、住民全体の「怠惰」の取り締まりへと拡大されていくのである。例を挙げていこう。

エドモンド・ペイン。グレイス・ジュンのコルビー氏の兄弟。彼のその兄弟の要請に基づき、一五五九年七月二二日に当所に連れて来られた。というのは、同エドモンドは何人ものまじめな人々に奉公するように、しばしば配慮してもらったが、誰のもとにも留まろうとしないのである。そして、あらゆる放蕩や怠惰に耽っているのである。それ故、彼のその兄弟の要請に基づき、同年同日、当所の労働につかされた。〈fol. 12b〉

徒弟あるいはサーヴァントとしての勤め口を世話してもらっても、一向に長続きしない「怠惰」な男性の矯正を願って、その兄弟が収容の依頼を行ったのである。この場合も、一日三ペンスの料金を兄弟が支払ったはずである。

トーマス・レミング。一五六一年四月一八日に当所に連れて来られた。というのは、彼は怠

惰な者であり、働こうとしないからである。挽き臼の労働につかされた。〈fol. 132a〉

ジョージ・カルトン。金細工職人のカルトン氏の息子。一五六一年四月一五日に当所に連れて来られた。というのは、彼はあらゆる怠惰や困ったことに耽っているからである。それ故、挽き臼の労働につかされた。〈fol. 132a〉

この二人とも、明らかに浮浪者ではなく、職に就かずに「怠惰」にしているだけであるが、科される処罰は浮浪者の場合と同じである。次の二人は、「浮浪者」と書かれているが、各々職業を有している。だが、働かずに「怠惰」にしているケースである。

ジョン・グリフィン。別名、クランクス。靴職人。浮浪者。一五六〇年八月一七日に当所に連れて来られた。というのは、彼は怠惰で不品行のならず者だからである。それ故、挽き臼の労働につかされた。［一五六〇年八月二八日に釈放された。[20]］〈fol. 98b〉

ジョン・ジョンソン。浮浪者。一五六一年四月一二日に当所に連れて来られた。というのは、彼は怠惰なならず者であり、皮職人として良い腕を持っているのであるが、決して働こうとしないからである。それ故、鞭打たれ、挽き臼の労働につかされた。〈fol. 129b〉

前者は靴職人、後者は皮職人なのであるが、仕事をしないのでブライドウェルに連行されて、浮浪者の場合と同じ挽き臼の労働を強制されている。

こうした「怠惰」の取り締まりは、女性に対しても同様であった。

ドロシー・ロバーツ。ジョージ・ロバーツの娘。一五五九（一五六〇）年三月一八日に当所に連れて来られた。というのは、彼女は怠惰で自堕落な女であり、どんなまじめな人のもとにも奉公人として留まろうとしないからである。それ故、当所の労働につかされた。〈fol. 67b〉

父親の依頼であるかどうかは不明だが、その可能性が強い。女性の場合は、糸紡ぎなどの織物関連の労働を課されている。

このように「怠惰」の取り締まりは浮浪者に限定されず、住民全体に拡大していくわけであるが、裕福で自活可能な場合は仕事をしていなくても問題にはならないので、対象はやはり貧しい下層民が中心となる。

これまで引用した少数の事例においても、ブライドウェルが浮浪者や売春婦に限らず、ロンドン住民の「怠惰」や「不品行」といった道徳の領域を取り締まり対象にしていたことが理解されるであろう。

ところで、ブライドウェルが当時のロンドンにおいて、浮浪者対策用の施設としてのみ活動し

表1　ブライドウェルに連行された浮浪者数

年　度	人　数
1559	74
1560	67
1561	103
1574	81
1575	161
1576	186
1577	88
1578	179
1579	189
1598	431
1600	514
1601	772

出典：Bridewell Hospital Court Books, Vols. 1-4, より筆者が作成。

たのではないことは、例えば、この施設に連行された浮浪者の人数を算出しても判明するのである。

表1に示されているように、エリザベス時代末期に浮浪者数が急増するが、その初期には年間一〇〇人程度の浮浪者しか連行されていない。これは連行された者全体の六分の一程度である。その他の者たちには、売春婦以外にも、実に様々な者たちが含まれていた。彼らはたいてい軽犯罪、あるいは道徳違反を犯した者たちであった。つまり、浮浪者や売春婦の取り締まりは設立目的に謳われてはいたが、ロンドン市当局は、当初からより広範囲の取り締まりをブライドウェルに求めていたものと考えられる。浮浪者でなくても怠惰な、また反抗的な徒弟・サーヴァントは連行・収容されたし、売春婦でなくとも婚外交渉を行った不品行な男女が連行されたのである。すなわちブライドウェルが行おうとしたことは、ロンドンの道徳管理であった。従来、教会裁判所の管轄であった性犯罪の取り締まりを、管轄上の摩擦を承知の上で、世俗施設であるブライドウェルが敢えて行おうとした点に

も、道徳管理への強い意志が窺えるのである。浮浪者や売春婦が直接の標的であったとは言え、彼らに「準ずる」者たちを取り締まり抑制していくことで、ロンドンの道徳統制を実践していくことは、当初から意図されていたと考えるべきであろう。

そして、すでに示唆されたように、そうした取り締まりはブライドウェルから住民への一方的なものではなかった。それはエリートから民衆への一方的な道徳化・規律化ではなかったのであり、民衆自身が道徳化に参加し、民衆自身がそれを求めるような構造が存在したのである。そしてそうした構造にとって、ブライドウェルの「開放性」という性格が決定的に重要な意味を有したのである。これまでの事例でも、施設の「開放的」性格がある程度示されていたが、次にこの特徴について考察してみたい。

四、事例の検証（2）――「開放性」について――

ブライドウェル矯正院には、設立当初二人の巡察官がいた。彼らは市内を巡回して不審者を連行して来る任務を与えられていた。「法廷記録」には、彼ら巡察官が連行した旨が記されている記事が散見される。また、施設を運営する理事たちの命令に基づき、巡察官が誰かを連れて来るケースも多い。理事たちは自分で違反者の存在を知ったか、人づてに聞きつけたものと思われる。以上のような場合は、ブライドウェルという施設独自の活動として、誰かを連行して尋問を行い、多くは鞭打ちや強制労働の処置を施すパターンである。だが前述のように、ブライドウェルは外部の人間が施設を利用することも可能なのであった。この場合、いくつかのパターンがあり得た。例えば、ロンドン市長やロンドン主教、裁判官、他のホスピタルの理事など、何らかの役職につく人物の命令 commandment によって連行されるケース。親方・主人が自分の徒弟やサーヴァントを連れて来るケース。住民がブライドウェルに苦情を申し述べたり complain、告発したり accuse することによって誰かが連行されるケース。さらに住民の嘆願 suit や要請 request に基づき連れて来られ、収容されるケースなどである。最後の場合は、親が子を、夫が妻を、といった親族による連行も含まれている。

「法廷記録」第一巻は、エリザベス時代の初期にあたる一五五九年四月から一五六二年六月までの記事が収められていて、わたしが算出した結果では、合計一七六七名の者が連行されている。このなかで、その者を誰が連行したのかが記録されているのは、九二一名に関してであった。[21] この九二一名のうち、ブライドウェルの巡察官や理事、つまり施設内部の人物によって連行された者は四七二名であり、施設外部の人物の依頼や要請によって連行された者が四四九名であった。すなわち、ブライドウェル矯正院への連行の経緯が記されている者たちの半数近くは、外部からの指示や依頼によるものであった。ただ、ブライドウェルの理事によって連行された記録であっても、その理事が外部の人間からの情報に基づいて連行を行ったケースも多いと思われるので、実際には施設外部の者が関係する連行のパターンの方が多いのではないかと考えられる。制約されたデータであるとは言え、この施設の「開放性」が示されているであろう。
こうした施設外部の人物による連行の事例のなかで、前述の「安定論」者が関心を示す、区・教区・ギルドなどの依頼による連行のケースを取り上げてみよう。まず、区の役人が依頼した事例である。

ジョン・コンウェイとジョン・デイヴィーズ。二人とも怠惰な浮浪者。ブリッジ区の代理官の命令により当所に連れて来られた。というのは、彼らはこそ泥を行うならず者として、本などの些細な物を盗んで捕まったからである。それ故、一五六一年六月六日に当所で鞭打たれ、挽き臼の労働につかされた。〈fol. 138b〉

ブリッジ区の代理官 deputy が、こそ泥を行った二人の浮浪者をブライドウェルに送った事例である。彼らは二人とも、その区にとってはよそ者であったと思われる。

ジョン・ホール。タワー・ヒルに居住する仕立て屋。ブリッジ区の区法廷査問委員の命令に基づき、(一五六二年)一月一一日に当所に連れて来られた。というのは、彼はぶらぶらしている怠惰な者として、ある店で酒を飲みトランプをしているところを捕まったからである。それで、挽き臼の労働につかされた。〈fol. 187a〉

同じくブリッジ区からであるが、この事例は区法廷査問委員(22)によるものである。ある店と記されているのは、ブリッジ区内にある店であって、そこで飲酒と違法ゲームのトランプをしていて捕まっている。職業を有していて浮浪者ではないが、浮浪者と同様の厳しい処置を受けている。

ランダル・ウッド。オールダーズゲイト通りに居住する馬具屋のウィリアム・スランのサーヴァント。バッシングハウ(バッシングホール)の区法廷査問委員により、一五五九(一五六〇)年一月九日に当所に送られて来た。というのは、彼は区の教会の敷地内でジョアンと呼ばれる少女と、非常に不審な様子で一緒にいるところを、その区の何人かのまじめな人たちにより捕まえられたからである。そしてそのことについて尋問されて、彼は自白した。それで当所において処罰を受けた。そして、ニューゲイト内区のクライスト教区で織物職人をしているウィリアム・メーキンスと、セント・フォスター教区で理髪外科医をしているランフ・ヒックマンによる嘆願に基づき、一五五九(一五六〇)年一月一二日に釈放された。この二人は、彼が親方への奉公に戻るのを見届ける役目を引き受けた。〈fol. 49b〉

この事例の男性も区法廷査問委員によって送られて来ているが、その区の住民が捕まえたとある。この場合の処罰は鞭打ちである。

これらの例に示されているように、区の役人たちは住民の協力も得て、違反者や不審者をブライドウェルに連行し、そうすることで区の治安を守ったのである。

次に教区からの事例を挙げてみよう。

ジョアン・トムソン。不品行の女。彼女は以前にもその不品行の生活故に、当所に収容されていたことがある。そして今回再び、バッシングシャル（バッシングホール）のセント・ミゲルズ教区からスタイル氏により送られてきた。その地で彼女は、公開の獄舎に入れられていたが、不品行の故にそこから当所に移されて来たのである。〈fol. 6b〉

スタイル氏がセント・ミゲルズ教区のどのような立場の人物かは記されていないが、その教区から送られて来たことは明記されている。性的不品行の女性を、教区内で獄舎に監禁して晒し者にしていたが、それでも十分でないためにブライドウェルに送ったのである。「法廷記録」の第一巻には見当たらないが、他の巻には教区委員が教区内の違反者を連行するケースも記録されている。(23)

ギルドも組合関係者で問題を有する者をブライドウェルに連行したのである。事例を見てみよう。

ジョン・ウォリンガー。塗装工。一五五九(一五六〇)年二月一六日に当所に連れて来られた。

というのは、塗装工組合の理事たちが、彼のことを不品行で強情な者であるとし、しばしばそのことで彼を戒めたが、それでも不品行を続けたのである。それ故、同年同日、当所において処罰を受けた。〈fol. 61a〉

塗装工組合の職人に関する記事である。どの同職組合にも、規範を守らない構成員を裁く機構を有していたが、この場合もそこで本人が戒められたとある。だが、当人が改心しないため、ブライドウェルに送り鞭打ちの処罰を科してもらったのである。従ってブライドウェルは、同職組合の裁判機構を補完する機能を有していたのである。

ジョン・ハリス。ビアバインダー・レインに居住する靴職人のウィリアム・パウエルのサーヴァント。靴職人組合の理事たちの命令に基づき、リチャードにより、(一五六二年)四月一三日に当所に連れて来られた。反抗的で、怠惰で、物をくすねるからである。それ故、四月一五日に開かれた法廷において十分に鞭打たれ、四月一八日に開かれた法廷の裁決により、彼のその親方のもとに釈放された。〈fol. 209a〉

組合の職人に仕えるサーヴァントに関してであるが、組合の手に負えない場合はこのように施設で処罰してもらい、再び本人を引き取ったのである。このケースでは実際にブライドウェル矯正院に送ったわけであるが、矯正院送付を威嚇として用い、奉公人を従順にさせることは日常的に行われていたと想像できよう。

以上の事例でも示されているように、「安定論」者の注目する区、教区、ギルドといったロンドン市の下部組織から、「問題のある」人物をブライドウェル矯正院に送付して矯正を依頼する慣習が存在した。それぞれの組織は裁判機構を有し、違反者を処分することによって組織の規範を維持していたが、自身では「手に負えない」者については、このようにブライドウェルに送り込んだのである。従って、下部組織の安定追求は常にブライドウェルによって補完されていたと言えよう。そして、重罪犯を他の裁判機構に送付して組織から追放するのとは異なり、ブライドウェルが道徳犯を対象にしていてその矯正を受け入れたことが重要であった。つまり各組識はブライドウェルを利用することによって、違反者を道徳犯のレヴェルで矯正あるいは追放することができたのであり、そうすることでより大きな犯罪や無秩序の芽を未然に摘み取り、組織の安定を図ることが可能なのであった。

だが、市のこうした下部組織の安定化にブライドウェルが果たした役割は、これだけにとどまるものではない。引用された事例は組織の役人が誰かを連行したケースであったが、ブライドウェルの巡察官や理事を含め、組織の役人ではない者が組織内の誰かを連行することは「日常茶飯事」なのであり、実際にはそうしたパターンの方が圧倒的に多いのである。例えばギルドに関しては、その職人、また職人の徒弟やサーヴァントが組合の役人によって連行されるケースよりも、他の

表2　親方・主人による連行の理由

理　由	人　数
財 産 犯	23
反抗的・怠惰	14
性 犯 罪	7
逃亡・浮浪	7
不　　明	3

出典：Bridewell Hospital Court Books, Vol. 1, より筆者が作成。

誰かによって連行されるケースの方が普遍的なのである。道徳違反の徒弟・サーヴァントについては、次の事例のように、たいていその親方がブライドウェルに連行しているのである。

> ジョアン・ケアリー。二二歳。彼女の親方で食料品雑貨商であるエドワード・バスフォードと、彼女の親方夫人であるその妻による嘆願に基づき、一五五九年五月九日に当所に連れて来られた。というのは、彼女はその親方に対して反抗的にまた横柄に振る舞い、そして親方夫人のことを中傷的に言い触らしたからである。それ故、彼女は当所において戒められ、次の休日まで、当所の労働につかされた。〈fol. 6a〉

「法廷記録」第一巻において、親方・主人によって連行されたことが明記されている徒弟やサーヴァントの人数は、合計四七人である。その連行理由を分類してみると、表2の通りである。このうち、財産犯とは親方・主人の金銭や所有物の窃盗・横領などの犯罪であり、性犯罪は他のサーヴァントなどとの性交渉のケースが多い。不明は、理由が記されていない事例である。連行理由が二つ以上ある場合は、それぞれの範疇の人数に含まれている。[24]

これを見ると、自分の金品を盗まれるなど直接的な被害を受けたことで、ブライドウェルに連行する親方・主人が最も多いが、反抗的であるとか性的不品行などの道徳面を矯正するため、自分の徒弟・サーヴァントを施設に連れて行くことも行われていたことが窺える。そして本人の改悛を得れば、施設に要請して再び自分のもとに釈放してもらうのである。上記の数字は前述のように、連行の経緯が記されているケースのみのものであり、連行された者の全体数に徒弟・サーヴァントが占める割合は二二パーセントにのぼるため、実際にはさらに多くの親方・主人たちがブライドウェルを利用していたものと考えられる。

ギルド以外の区や教区についても、違反者をその役人ではなく、他の誰かが連行するケースの方が一般的である。従って、下部組織が自らブライドウェルを利用して安定維持を図った以上に、ブライドウェルはそれら組織の安定維持に貢献していたのであり、むしろ後者の活動の方が重要であったと考えられる。

ところで、ブライドウェル矯正院の「開放性」はもちろん区、教区、ギルドに限定されるものではなかった。基本的には住民の誰もが、道徳違反者の矯正を依頼することができたのである。ロンドンの安定追求にとって、ブライドウェルはさらに広範囲にわたる貢献を成していたと言える。上記の下部組織以外の事例を、次に取り上げてみよう。

センディナウ・スパイサー。チャンセリー・レインに居住する下男のジョン・スパイサーの妻。ミドルセックス州の何人かの裁判官の命令に基づき、チャンセリー・レインの治安官や他の役人により、(一五六二年)三月二日に当所に連れて来られた。というのは、彼女が同じレインに住む仕立て屋のトーマス・ヒューズと違法な交際を行っているのではないか、との嫌疑を掛けられているからである。取り調べを受け、以下のように自供した。そのトーマスは彼女の自宅において彼女と性関係を持った。また他の場所で何度も彼女に食事をご馳走した。しかし、彼女の自宅以外の場所では、決して関係を持っていない、と。それで彼女の矯正のために、以下の裁定が下された。彼女は、現在居住している通りや居住地から立ち去ること。但し、次の洗礼者ヨハネ誕生の祝日(六月二四日)に、前記の裁判官らによって居住許可が与えられれば、再び居住することができる。三月四日に行われた法廷裁決により、彼女は釈放された。〈fol. 199a〉

この事例は、ミドルセックス州の裁判官の命令によるものであるが、連行に深く関わっているのは、チャンセリー・レインという一つの通りの役人たちである。彼らはその通りに居住する性的不品行の女性を、ブライドウェルに連行して取り調べてもらった。結果はその者を追放することによって、通りの道徳・規範を維持したことになる。

一方、治安や道徳の維持は何らかの役人によってのみ成されたのではなかった。住民が自ら誰かを施設に連行することによって、「近隣共同体」の治安・道徳を守ろうとすることもあった。

ウィリアム・ピック。浮浪者。フィンズベリーの住民により、一五五九年一二月二三日に当所に連れて来られた。というのは、彼は常習の放浪者であり、市を歩き回って盗みを行う者として捕まったからである。それ故、挽き臼の労働につかされた。〈fol. 44a〉

この記事は、住民が浮浪者を連行したケースであるが、この住民たちは同じ日に別の女性も連行している。

エリザベス・スミス。別名、ベイカー。売春婦。フィンズベリーの住民により、一五五九年一二月二三日に当所に連れて来られた。というのは、同エリザベスはスリであるとの嫌疑を掛けられているからである。しかし、何も立証されなかった。それ故、忠告を受けて釈放された。〈fol. 44a〉

この女性に関しては、容疑が立証されなかったために釈放されているが、治安維持に対する住民たちの強い意志が反映されているように思われる。彼らはブライドウェルを利用して、「近隣共同体」の「安定」を求めたのである。

「法廷記録」第一巻において、住民によって連行された者の人数は、合計三二人であった。その連行理由は表3の通りである。

表3　住民による連行の理由

理　由	人　数
性犯罪	16
財産犯	10
浮　浪	2
その他	6
不　明	1

出典：Bridewell Hospital Court Books, Vol. 1, より筆者が作成。

この表に示されているように、性犯罪が最も多い。これは女性が売春を行っているのではないか、売春宿を営んでいるのではないか、あるいは不貞を行っているのではないかとの嫌疑で、近所の住民がブライドウェルに苦情を申し述べたり告発したりするケースである。また財産犯については、スリではないか、あるいは盗品の故買をしているのではないかといった嫌疑からであり、必ずしも住民がその被害者とは限らない。以上のようなデータからも、近隣共同体に秩序や規範を保持しようとする機能、つまり「安定」を求める動きが存在したことが明確になってくる。売春など、自身には直接の利害がなくとも、近隣共同体の規範を守るために違反者を施設に通報し、その人物の排除あるいは改心を望んだのである。こうしたことからも、当時の道徳化の動きが民衆に対する一方的なものではなかったことが読み取れるであろう。「その他」のケースには、中傷、逃亡の教唆、脅迫などが含まれている。

一方、「安定」を願うのは、家族という共同体においても同様であった。先に引用された事例にも、家族のなかの道徳違反者を親や兄弟がブライドウェルに連行する行為が示されていた。ここでは、夫婦間のケースを一例として挙げておこう。

ジョアン・マーティン。シュー・レインの醸造人であるジョン・マーティンの妻。彼女の夫の要請に基づき、一五六〇年八月一二日に当所に連れて来られた。というのは、彼女は自分の夫以外の者、すなわちジャクソンなる人物、と交際しているのではないか、との嫌疑を掛けられているからである。〈fol. 96b〉

不貞の疑いのある妻を、夫がブライドウェルに送付した事例であるが、この後の展開についての記事は見当たらない。

「法廷記録」第一巻のなかで、親族によって連行されたことが記録されている者の人数は、合計一二人であった。このうち、父親によって連行された子が六人、母親によるのが一人、兄弟によるのが一人、夫によって連行された妻が四人であった。その理由は表4のようになる。

このなかの性犯罪は、引用されたように、不貞の嫌疑で夫により連行された妻が三人、性的不品行の矯正のために父親により連行された娘が一人である。後者のように、親が子を連行するケースは「法廷記録」のなかでも特に印象的であるが、彼らは子の改心を願って敢えて連れて来たのであろう。

このように、家族という小共同体の「安定」にもこの矯正院が寄与していたと言えるが、一方、ロンドン市長やロンドン主教が市の治安維持、道徳管理のために、違反者をブライドウェルに送付することもある。それぞれ例を挙げてみよう。

ピーター・ベイカー、ヘンリー・ヒル、ウィリアム・コルソン、トーマス・ダリー、ロバート・ラングトン、ロバート・アクニップ。全員、主人なき者であり浮浪者。我が市長により、一五五九年一二月二九日に当所に送られて来た。そして挽き臼の労働につかされた。〈fol. 45b〉

ヘンリー・エガーマン。ロンドン主教の命令に基づき、(一五六二年)三月二五日に当所に連れて来られた。というのは、彼はいろんな女性と婚約して私通を行い、そしてまた重婚をしているためである。それ故、彼は挽き臼の労働につかされたが、四月六日に当所から脱獄して逃亡した。〈fol. 205b〉

表 4　親族による連行の理由

理　由	人　数
怠惰・反抗的	5
性 犯 罪	4
逃亡・浮浪	2
財 産 犯	1
不　明	1

出典：Bridewell Hospital Court Books, Vol. 1, より筆者が作成。

市長は浮浪者を、主教は性犯罪者をそれぞれブライドウェルに送っている。かくしてブライドウェル矯正院は、ロンドンの頂点の役職に立つ人物から下層の住民に至るまで、誰もが利用できた施設であり、引用された少数の事例からでも、その「開放性」という性格が明らかになるであろう。

五、ブライドウェル矯正院と安定追求

ブライドウェル矯正院は、近世のロンドンにおいて大きな社会問題になりつつあった貧民問題・浮浪者問題に対する政策改革のなかで、浮浪者や売春婦を監禁するための施設として設立されたのであった。彼らの「怠惰」や「不品行」が、施設内での強制労働を通して、矯正されることがもくろまれていたのである。だが実際には、「怠惰」や「不品行」の取り締まりは彼ら浮浪者や売春婦に限られたものではなく、ロンドンの住民全体が対象となっていたのである。つまり、住民の道徳を取り締まる機関として、ブライドウェルは機能していたと言える。

そしてロンドン住民の道徳を取り締まる際に決定的に重要であったのが、この施設の「開放性」という性格であった。施設が有する巡察官や理事たち自身の活動だけでは、取り締まりにも限界があったと考えられるが、「開放性」というその特徴故に、施設の機能は大きく拡大されたのである。つまり、ロンドン市長などの高官から下層階級の者に至るまで、住民の誰もがこの施設を利用でき、道徳違反者を連行して、矯正を依頼することが可能なのであった。

では、ブライドウェルのこうした特徴は、ロンドン市の安定追求の政策に対していかなる役割を果したであろうか。まず、「安定論」者が注目する区、教区、ギルドという市の下部組織に対して、ブライドウェルはそれらの裁判機構を補完し、そうした共同体の安定化に貢献していたと

言える。つまり、それら組織では御しがたい道徳違反者をブライドウェルは受け入れ、その矯正を企てたのである。そして施設のこの役割は、下部組織の役人による施設への連行という「正規ルート」を経ずとも、組織内の道徳違反者を他の誰かが連行することによって、日常的に遂行されていたのである。また、ブライドウェルへの連行・送付を威嚇として用い、道徳違反者を服従せしめる行為も日常的に行われていたと考えられる。

だが、安定追求に対するブライドウェルの貢献は、これだけにとどまるものではなかった。他の地縁単位や近隣共同体、また家族という小共同体に至るまで、その道徳違反者を受け入れ矯正を試みたので、施設はそうした共同体の「安定化」にも寄与していたのである。この場合も、連行を威嚇として用いることが可能であった。

そしてブライドウェルが、ロンドンの様々な組織や共同体内の道徳違反者を取り締まったことで、より大きな犯罪の発生を未然に防いでいたとも考えられる。つまり、道徳違反のレヴェルを厳格に取り締まることによって、より深刻な犯罪の芽を事前に摘み取ることができたのであり、ロンドンにおける反乱や重罪などの発生を抑止することに、この矯正院はある程度成功していたのではないかと思われる。

財政面での問題を抱えながらも、ブライドウェルに類似した施設である「矯正院」がイングランド中に設立されるようになったのはこうした理由からであり、近代社会が形成される過程において、それらの施設は道徳を取り締まることで治安の維持を企てるという独特の役割を果たしたのである。

＊　　＊　　＊

犯罪や治安の問題が議論されている現在において、過去の社会が犯罪をどのように捉え、対処しようとしたのかを検証することは有意義なことだと思われる。この章で扱われている一六世紀中葉のロンドン社会を俯瞰すると、われわれの社会とは明らかに犯罪の内容も異なっているし、社会構造も当然のことながら異質のものである。そして犯罪に対する当時の諸政策や「刑罰」も、われわれにとっては馴染みのないものが多いであろう。こうした異質性のすべては、「現在」を相対化させてくれるものであり、相対化によってわれわれは新たな観点や思考を得ることが可能となるのである。

現在の日本において、外国人による犯罪のことが時々取りざたされているが、それは一六世紀のイギリスにも存在した。さらに現在のヨーロッパ諸都市で見られるような外国人労働者排斥の動きまで、一六世紀のロンドンにおいてすでに確認することができるのである。だが当時の外国人も、仕事をしている人ならば、ロンドン住民と同じ「文化」のなかにほぼ入っていたはずである。ところが、浮浪者は異なっていた。彼らはたとえイギリス人であっても、「文化」の外に位置する人々であり、社会的異端者なのであった。彼らの存在は、ちょうど「魔女」がその「身分」

によって宗教的異端者であったのと似ている。浮浪者は具体的違法行為によってではなく、その身の状態がすでに違法なのであった。彼らはその「身分」によって犯罪者とされたのであり、社会的異端者となったのである。そして「魔女」は火あぶりにされたが、浮浪者に対する処罰や扱いは変遷していくことになる。

イギリス近世テューダー朝の「救貧法」には、彼ら浮浪者に対する激しい嫌悪・憎悪が表明されていて、その処罰は過酷なものであった。彼らこそ、「危険な貧民」の中心部分を形成していたのである。そして彼らの浮浪の原因は、「怠惰」にあるとされた。かくして「怠惰」に対する集中攻撃が行われることになったのである。

だが、残酷な刑罰によって彼らを処罰しても、浮浪はなくならなかったのであり、それで怠惰に対する闘い方を変更して、ブライドウェルという矯正院を新しく登場させたのである。ブライドウェルの闘い方は道徳管理であった。それは実際に浮浪者も収容して、鞭打ちや強制労働をさせたが、ブライドウェルの特徴は「浮浪者予備軍」の道徳管理にあった。そしてそれによって彼らが浮浪者へ「転落」するのを防止することであった。

しかしながらそれは、述べられてきたように、もっと広く治安維持や社会的安定を目指すものでもあった。一六世紀半ば以降のロンドンは、急激に人口が増加して、成長を続ける都市であったが、この急激な都市化に伴い、様々な問題が生じたのも当然のことであろう。浮浪者問題によらずとも、都市の治安の問題は肝要な課題であったはずである。そうしたなかで、ブライドウェルは住民の道徳を管理して、様々な共同体の秩序維持、安定化に貢献したのであった。そしてその道徳化の動きは、ブライドウェルの「開かれた」性格を様々な住民が利用することで維持され拡大されていったのである。

実際のところ、この施設に連行され収容された者の人数は、市の人口全体から見れば少数である。だが誰でもこの施設を利用できたわけであるから、道徳違反者は常に収容の可能性に晒されていたことになる。収容には一日三ペンスの手数料が必要であったが、訴訟手続きの必要はなかったし、また鞭打ちのみで収容を望まなければ無料であった。さらに、前述のように、連行を威嚇として用いることは日常的に可能であっただろう。こうしてブライドウェルは、社会の様々なレヴェルの様々な局面において、違反者を道徳違反の段階で押え込むことによって、より大きな反乱や無秩序への芽を未然に切ってしまうことができたであろう。

ブライドウェル以降、それに類似した矯正施設がイギリスやヨーロッパに建設されていくが、そこに収容されたのは「怠惰」や「不品行」、また「反抗的」など、様々な道徳違反者、あるいは道徳の「欠如者」であった。つまり彼らは、「勤勉」や「まじめさ」に価値を認める「近代」そのものによって否定された者たちであったとも言える。西欧中に存在したこうした監禁施設には、「近代」によって否定された者たちが閉じ込められていったのである。そしてそうした施設は、「欠如者」を監禁するだけではなく、道徳を取り締まりの基軸にして、施設の外にいる人々にも影響を与え、彼らに対する支配を拡大していった。

中世末期の「聖なる貧民」から一六世紀の「危険な貧民」への大きな転換を経験した西洋社会においては、この後、一七世紀にはまた別の貧民観が登場する。「貧民の有利な雇用」論に見られる「儲けの対象としての貧民」という観念である。つまり貧民を安く雇用して利潤を上げるという思想であり、貧民のなかに眠っているその労働力に価値を見出す思想である。それは形成されつつあった産業社会からの要請であったかも知れないが、これまた貧民観の大転換であった。

第四章　「貧民学」の成立

今は移転しているようだが、以前の大英図書館 British Library は大英博物館のなかにあった。入り口を入ってすぐに大きな円形の図書室があって、中央のカウンターに向かって放射状に読書のための座席が並んでいた。そのなかには、昔、マルクスとかが座って本を読んでいた座席もある。わたしは二年間ぐらい大英図書館に通ったが、最初の頃、マルクスが座っていた座席に一度座ってみたくて、その席を取ろうとねらっていた。でも、そこはいつも朝早くから誰かに先取りされていて座れず、そのうちあきらめてしまった。その部屋で読める本はだいたい新しい文献で、一七世紀とかの古い本は、「ノース・ライブラリー」という別の部屋で扱われていた。そこにある本は、コピーはできず、マイクロフィルムでしか複写できなかった。また、別にあるマニュスクリプトの部屋と同じく、室内ではボールペンはだめで、鉛筆しか使用できなかったように記憶している。その「ノース・ライブラリー」で、たびたび複写を依頼したが、毎回現金でポンポンと支払いをしたので、係の人にはずいぶん金持ちの日本人だと思われていたに違いない。でも、こちらは三〇代半ばで、それまで貯めた貯金を全部はたいて(大した金額ではないが)、仕事もすべて辞めてイギリスに行った人間で、先行き不透明だしリッチとはほど遠い状態であったのだが。この時、複写した文献の一部をこの第四章と第五章で使用している。

ブライドウェルの「法廷記録」は手書きのマニュスクリプトだが、この二つの章で使っている史料は活字で印刷されたものである。その多くはページ数の少ない小冊子である。活字だからもちろんはるかに読みやすい。

一七世紀になると、イギリスでは貧民問題を論じた小冊子がたくさん出版されている。一六世紀にも存在しているが、一七世紀の特に後半になってからが多いように思う。いろいろな立場の人がそれを書いているが、それぞれ貧民問題を嘆き、その原因を考察して、自分が主張する解決策を披露している。その解決策は様々だが、貧民問題が深刻であるという点では、どれも一致しているように見える。

実際、イギリス近世の貧民問題は、一六世紀後半から一七世紀前半にかけてその最も深刻な時期を迎えるが、一七世紀後半においてもなお大きな社会問題であることに変りはなかったのである。こうした状況のなかで、貧民問題を論じた著作が次々と現れたわけである。何故この時期なのか、という疑問に答えるのは難しい。当時の出版事情もあるだろうが、「危険な貧民」をある程度客観的に捉えられるような「社会的感受性」が生まれてきたからではなかろうか。一六世紀では、「危険な貧民」、特に浮浪者に対して、恐れや嫌悪の感情のなかで一部の人々がラベリングやマーキングを行う程度であったのが、一七世紀になると、多くの人が彼らを理性の世界から認識しようとしたからではないかと思われる。もっとも、彼らに対する恐れや嫌悪は残っているわけだが。

そしてフーコー流に言うならば、この時期に活字にされた貧民関係の小冊子群は、貧民をめぐる「言説」を形成していたのであって、言わば「貧民学」とでも言えるような一つの領域が成立したのであった。

この章においては、それら小冊子群のなかからいくつか特徴的なものを取り上げてみたいが、取り上げたのは全体のほんの一部にしか過ぎない。また、貧民を有利に雇用するためのワークハウス建設を主張した文献に関しては第五章で扱っているが、それも一人のものに限定している。本書で取り上げた著作以外のものは、できれば別の機会に論じたいと思う。

一、貧民の分類

ポール・スラックによれば、イギリス近世の貧民の一般的状況に関して以下のように捉えることができる。つまり、一六世紀においては貧困の程度も貧民の数も増大するが、一六二〇年頃をピークとして、それ以後貧困の程度は軽くなっていく。貧民の人数は一六二〇年以降、最初はわずかに増加するが、その後は横ばいである。また一七世紀全体を通して、餓死の危険に晒されている極度の貧民の人数は著しく減少するが、程度の軽い貧民の人数は増加する。すなわち、一七世紀に貧困の程度は改善されたが、人数は減少しなかったと言えよう。(1) そして当然のことながら、飢饉の年や、またピューリタン革命期の混乱時には、状況は悲惨なものとなった。例えば、一六二二年の飢饉の年に行われたスタッフォードの貧民調査によると、住民の二五パーセントが貧民として記録されている。また革命で荒廃した一六四六年のウースターでは、住民の二三パーセントが救済を得ていない貧民であったとされる。(2)

貧民問題のなかでも最も社会的影響の大きかったのは浮浪者問題であったが、A・L・バイアーに従えば、一五六〇年から一六四〇年の間に浮浪者が急増し、一六二〇年から一六五〇年にかけて危機的状況を迎えることになる。(3) 例えば、浮浪者の逮捕記録では、一六三一年から三九年の間に二万四八六七人が逮捕され、年平均では四四四七人にのぼるとされる。もっとも、浮浪者がすべて逮捕されたわけではないし、また再犯者も多く含まれていることから、この数字は実際の浮浪者数を正確に表わすものではない。そしてバイアーの述べるように、浮浪者に対する警戒心から住民には実際の人数よりも多く感じられたに違いない。(4)

こうした浮浪者や「怠惰な」人間に対する嫌悪感は、一六世紀に特に強くなったように思われるが、一七世紀においてもその傾向は続き、小冊子の著者たちによって明白に表明されている。例えばL・リーによると、「無職で怠惰に生活するような者は、社会の病根であり、国家を圧迫し、王の領土を貧しくする者」なのである。(5)

またR・ヤングは、貧民を分類して以下のように述べている。

貧民には二種類ある。神の貧民と悪魔の貧民である。つまり、労働不能貧民 impotent poor と恥知らずな貧民 impudent poor だ。われわれが善行を行うべき貧民は、まじめな労働者たち、そして貧しい戸主である。彼らは、大きすぎる負債のために、あるいは商売の不振ゆえに、また苦難、損失、病気、保証契約や他の惨事のために、暮らし向きが悪く、額に汗して稼ぐことができない人々である。あるいは、目が不自由、足が不自由な人たち、老齢で衰弱していたり、ひ弱な未亡人、あるいはまた年少の孤児であったりする。彼らは仕事ができなくなったか、仕事を得ていないかである。これらの人たちは施しの主要な対象である。そして信心深く分別のある人なら、働かずに物乞いする人たちよりも、物乞いしないで働く人たちに施しを与えるだろう。というのは、使徒の掟によれば、働かざる者は食うべからず、だからである。この掟は十分にまた厳格に執行されるべきである。それは厳しいように見えようが、まじめな貧民に対しては慈悲に満ちているのである。もし怠惰にむさぼり食う者たちが自分の分を平らげなければ、まじめな貧民はもっと豊かに救済されるであろう。……多くの頑健な物乞い者や浮浪者のごろつきがいるが、彼らは国家の汚点でありまた社会の重荷である。この種の貧民は、その邪悪な振る舞いを維持されるべきではない。というのは、彼らを扶養するのは、害虫を太らせるようなものであり、ネズミやイタチに餌を与えるようなものだからである。(6)

労働が可能であるのに働いていない貧民や浮浪者は「害虫」であるとして、厳しく断罪され、彼らに対する施しが害悪以外の何ものでもないとする主張である。このような「怠惰な」者たちに対して、一六世紀においては、「救貧法」で厳しく処罰したり、あるいはブライドウェルや矯正院 House of Correction における強制労働を通して、彼らの「怠惰」を矯正しようと試みたのであった。これに対し、一七世紀も後半になると、ハートリブ、ヘイル、チャイルド、ヘインズなどを代表として、彼らを積極的に雇用して労働させる思想が展開されるようになる。つまりワークハウスにおいて彼らを有利に雇用すべきであるとの主張であり、それは長らく否定的にしか見られてこなかった「怠惰な」貧民や浮浪者たちのなかに、国富の源泉としての労働力を見出そうとするものであった。だが、彼ら「進歩的論者」においても、このヤングの主張に見られる、「働かざる者は食うべからず」の態度や、「怠惰」を助長するに過ぎない救済に対する批判は、ほぼ共通するものであったと言えよう。(7)

一方、貧民の分類に関しては、救済に値する貧民と値しない貧民との区別が一六世紀において鮮明になってくるが、(8)一七世紀前後になると様々な小冊子においてさらに展開されるようになる。J・Rなる著者は、貧民のための提案を述べた小冊子において、以下のように貧民を分類する。(9)

一、物乞い者。つまり生涯物乞い者として生き、どんな職業にも就いたことがない者たち。彼らは国家の恥である。

二、浮浪者、及び人をあざむくごろつき。つまり、足が悪い振りをしたり、病気や体が痛い振りをする者。彼らが酔っ払って、互いに口汚く交わす会話は、そばを通る善良な人々を悩ませるのである。彼らは雇用によって扶養されるべきであり、法に従って出生地に送り返したり、残酷な刑罰を与えたりするだけでは不十分である。もし働かないようなら、その時は鞭打てば良い。

三、働いて少しは金を稼ぐが、すると酒を飲み、互いに罵り合って喧嘩する者たち。法律がこうした悪習を改善することが期待される。

H・アースィントンによる貧民の分類は、さらに手の込んだものである。(10) 彼の論点を辿ってみよう。

貧民は次の二種類に分けられる。

一、労働不能貧民

二、労働可能貧民

そして労働不能貧民は以下の四種類に分けられる。

一、仕事のできる年齢を超えた老人
二、働くことのできない体の不自由な者
三、両親のいない幼児
四、虚弱状態の病気の貧民

これらの人々は、もし自分を維持できる財産を持っていないのなら、全員扶養されねばならない。病気の貧民に関しても、健康な時の労働によって得られた物財があるのだが、それを売る必要はない。モーセの掟に従って、それらは売らずに取っておかれるべきである。

労働可能な貧民に関しては、次の二つの種類に分けられる。

一、自分の生計をすべて稼げるはずの者
二、部分的に救済されねばならない者

自分の生計をすべて稼げるはずの貧民は三種類から成る。

一、自ら進んで汗を流す気はあるが、仕事を得られない者
二、若くて頑健であるが、働く意志がない者

三、何らかの犯罪と関わり、そのために扶養される必要のない者

自分の労働で生活できないが、それでも労働に適し、その意志がある者は次の三種類。

一、七歳以上の孤児

二、子供が多すぎて、しかも自分の労働以外に子供たちを扶養する財のない者

三、年齢や虚弱体質が原因で仕事が減少した者

これら三種類の者はすべて、その必要に応じて、部分的に救済されるべきである。

アースィントンはこのように貧民を分類しつつ、労働可能で本来自活すべき貧民に対する救済を否定する。彼の取る貧民に対する基本的態度は、「労働できる者は誰も怠惰に生活してはならないし、労働できない者は誰も物乞いしてはならない」[11]ということである。つまり、労働可能な貧民はすべて働くべきであり、可能でない者には公的扶助が与えられるべきなのである。

さて、様々な小冊子の著者たちがこうした貧民の分類を行った上で、その独自の方策を論じたのであった。貧民の分類は、「貧民学」にとって、彼らを客観的に認識して議論の舞台に登場させるための、最初のステップを成したのである。そしてマーガレット・ジェイムズが述べるように、当時の貧民問題が最も注目に値すべき問題であることは、あらゆる著作家が同意した点であるが、

彼らが提案するその解決策は実に多様なものであった。(12)

二、貧民の雇用

まず、ワークハウスによる貧民雇用論以外で、貧民の雇用に関して論じた小冊子を二つ取り上げてみよう。最初はM・Sなる著者による貧民孤児の問題を中心に扱ったものである。(13)

M・Sもまた貧民の分類から始めている。貧民は以下の三種類に分けられる。

一、頑健なごろつきと売春婦
二、目が不自由な者と足が不自由な者
三、老人と年少者

第一の種類の「頑健なごろつき」は浮浪者とほぼ同義である。M・Sによると、彼らに対しては適切な法律が制定されているにもかかわらず、役人の怠慢によって法はほとんど執行されていない。

憲兵隊長や小役人が彼らの（取り締まりの）ために指名されているが、しかし憲兵隊長の目が

すべてに行き届くわけではないし、その部下たちはほとんど見張ろうとはしないから、こうした害虫が増えるのだ。(14)

役人がなぜ怠慢になるかと言えば、浮浪者たちが頑強だから、逮捕の際に殴られたりするのではないかと恐れるからである。従って、M・Sによれば、彼らに対しては二つの対策しかない。一つは労働させる監獄、つまり矯正院であり、もう一つは絞首台である。「彼らは語るに値しない者たちであり、それらに任せるのが最善」なのである。

第二の人々についても、著者は比較的厳格な態度を示している。彼らには「物乞いせざるを得ないもっともな理由がある」わけだが、物乞いは法により全面的に禁止されている。(15)従って彼らに対しては公的扶助が考えられるが、しかし、たとえ足が不自由であっても手が使えるなら、魚網や船の帆を作る作業など、様々な仕事ができるはずである。だからそうした人たちも可能な職を得るべきであり、目が不自由であったり、手の使えない人たちだけが公的に扶養されるべきである、という主張が成されている。つまり、体が不自由な者に対しては伝統的に貧民救済が行われてきたが、何らかの手仕事が可能かどうかの基準によって区別を行うことで、救済をより厳密なものにしようとする態度が取られている。

さて、第三の人たちについて。「この小冊子は彼らのために書かれた」とのことであるが、実際には貧民孤児のみについて論じられている。M・Sは彼らに対する同情の弁を惜しまない。

こうした哀れで惨めな人たちに対し、当局は慈悲を持って全力で対処してもらいたい。彼らには両親がいなく、友達もいないのだ。……彼らに対して私は心から血がしたたる思いだが、彼らの悲惨さをペンで表わすことはできない。(16)

そして彼らの多くは両親に捨てられたか、あるいは教区から徒弟やサーヴァントに出されたが、その親方に捨てられたのだと主張されている。こうした貧民の孤児に対して著者は、アメリカ植民地での雇用をまず提案している。つまり教区が貧民の子供をすべて調査して、そのなかから能力のある者たちに対して、例えば以下のような雇用を与える。

二〇〇トン積みの船すべてに、二、三人の少年を雇用させる。ニューカッスルからロンドンに石炭を運ぶすべての船に一人。そして各教区は基金を集めて彼らを雇用し、その後彼らは植民地にいる良心的な親方のもとへ送られる。親方たちにはその子らの様子を正しく報告させる。

ヴァージニアに向かうすべての船には、六人の少年と六人の少女を乗せて、またニューイングランドや他の植民地にも同様にして子供たちを送る。彼らの船賃は教区が支払い、……彼らは六年間の徒弟期間に入る。(17)

一方、M・Sは、貧民行政の不備がなければ貧民の孤児が通りで死んだりすることは決してないとし、それは法の欠陥のためではなく、ひとえに役人たちの責任に帰せられるものであると批判する。そして法が十分に執行され、孤児や労働が可能でない貧民の救済が適正に成されるように、以下のような提案を行っている。(18)

一、労働不能貧民や孤児が適切に救済されているかどうかを見るために、法によって指名された各教区の貧民監督官は、毎週、自身の教区にどのような貧民がいるかを調べ、彼らの必要に応じた給付を割り当てるべきである。

二、貧民監督官は毎週、孤児や労働不能貧民がどのように扶養されているかを調べ、担当者が給付を怠っている場合は、その担当者を処罰する権限を持つ行政長官に訴えねばならない。

三、労働可能な年齢でその体力のある子供たちは、何らかの職業に就かされるべきであり、あるいは教区で仕事を与えられるべきである。後者の場合は、貧民監督官か教区に委任された者が子供たちに適切な仕事を割り振り、彼らに仕事を教える親方を付けるべきである。

四、治安官、貧民監督官、小役人たちは、もし貧民の孤児や子供、あるいは労働不能の貧民が物乞いし、遊び、通りを放浪しているのを見かけたら、その職業や住所を尋問しなければならない。そして他の教区の貧民ならば、そこへ送付する。自身の教区の者で救済が必要ならば救済し、労働に適しているなら可能な職に就かせたり訓練を施したりすべきである。

五、こうした孤児や貧民の子供が徒弟に出された場合、彼らが送られた先の教区の貧民監督官や区の当局者が、雇用の状況を毎月調査すべきである。彼らが十分な食事や衣服を与えられているのか、仕事に就かされているのかどうかを調べ、もし親方が不正を行っているのが分かれば、法に則って処罰を与えるべく告発すべきである。

このようにして役人たちが勤勉に職務を果たし、怠慢な者を行政長官が厳しく処罰するならば、「すぐにでも、通りで物乞いしたり野垂れ死にする者はいなくなるし、また不平も聞かれなくなるのである」[19]と、M・Sは締めくくっている。

この著者の貧民孤児に対する憐憫の情はよく伝わってくるが、主張されているように、貧民行政の不備の原因が役人たちの怠慢だけに帰せられたとは考えにくい。なぜなら、貧民行政は常にその財源が問題だったからである。貧民が増加すれば、住民にとっては救貧税の負担が大きくなり、その支払い拒否なども発生していたのである[20]。こうした問題を解決する手段として後にワークハウスが登場したことは言うまでもない。

さて次に、T・Lなる著者が王政復古後の議会に対して行った、物乞い者を無くすための「懇願」を取り上げてみたい[21]。著者によれば、貧民に労働と救済を与えることで、多くの者が怠惰によって陥る様々な悪弊を防ぐことができるのである。労働と救済を与えるのは教区が中心となった方策である。その論点を列挙すれば、以下のようになる。(22)

一、教区のなかに老人、労働不能者、幼い子供が何人いるかに注意を払い、寄付金により彼らに給付を与える。また生計を維持するには仕事が不足している者たちを援助する。もし雇用を望む者が教区にいれば、国家の法に従って、彼らを仕事に就かせる。

二、地域性を考慮する。つまり、農村に雇用を望む者が二〇人いるとすれば、その教区は衣服商、織物やストッキングの製造業者と合意して、可能な量の仕事を彼らに与える。大きな町で織物業の盛んな所では、衣服商一軒につき、当局から送られて来た者を一〇人から二〇人引き受ける。産業が豊かな大都市においては、各教区や地区は商人と合意して、それぞれ一〇人から二〇人を雇用する。このようにすれば何百何千もの人たちが雇用されることになる。貧民が非常に増加していても産業が盛んでない所は、貧民の少ない教区に援助してもらう。

三、貧民局を設置する。そこでは、第一に、仕事を求めている職人や非熟練労働者と、働き手を求めている人たちとが、互いに相手を調べて探すことができる。第二に、そこでは徒弟としてふさわしい少年たちが、親方を探すことができる。また都市や田舎でサーヴァントを求めている人たちが、それにふさわしい者を調べて探すことができる。第三に、サーヴァントとしてふさわしい少女たちが、またそうした少女を求めている人たちが、互いに相手をそこで調べて探すことができる。第四に、困窮して死の危険にあるすべての貧民は、そこで自分たちの状態を報告し、給付を受けられる。

四、貧民に対する行政の怠慢を知った人は誰でも、治安判事や他の当局者にそれを知らせることができる。自分の職務を怠った者は、その分を貧民に返還する。その支払いを拒否する者は処罰を受ける。

五、巡回裁判及び四季裁判のすべての裁判官は、貧民の悲惨な状態を明らかにすべきである。そして法の執行状況を調べ、貧民行政における怠慢の情報を得れば、懲罰が適正に与えられているかどうかを調べる。

六、すべての貧民は、給付が与えられるまでは、自由を奪われたり厳しい処置を受けたりすることはない。

著者によれば、これらの基本方針が「忠実に実行されるなら、イングランドに物乞い者はいなくなるであろう(23)」とのことだが、商人に貧民をいかにして雇用させるかが最大の問題だったのではなかろうか。往々にして「怠惰」だと見なされていた者たちを、積極的に雇用しようと望んだ商人は少なかったに違いない。この著者の主張の特徴は、方策の三に見られる「職業安定所」的組織設置の提案にあるが、これも教区レヴェルでの運営は難しく、教区を超えた組織体が必要であったはずである。教区中心の貧民政策というエリザベス「救貧法」の基本理念に限界を感じ、異論を呈した論者たちもいたが、このT・Lはその理念に忠実であり、そのことが著者の主張を制約していたと言えよう。

三、貧民の理想郷

ピーター・コーネリソンの小冊子の表題は、『わが国や他の国々の貧民を幸福にするために提唱された方法。それはふさわしい人物で資格のある人々を、一つの家族政府あるいは小国家に導くことによってであり、そこにおいては誰もが自分の資産を保持でき、抑圧されることなく自分に合った何らかの仕事に雇用される。これはわが国や他の国々から、怠惰で、邪悪で、秩序を乱す者たちを無くすための方法であるばかりではなく、他人の労働で生活するための工夫をたくさん探し求めてきたような者たちをもすべて無くすための方法である』[24]となっていて、「この協会、あるいは小国家への招待状も添付されている」との付記もある。つまり著者の主張は、貧民を雇用して一つの理想的小共同体を建設することにある。彼の構想に耳を傾けてみよう。

コーネリソンはまず、この世界を主として構成している四種類の人々を、自身が提唱する家族国家に連れて行きたいと述べる。四種類の人々とは、農民、職人、水夫、教師であるが、その根拠は述べられていない。また家族国家建設の目的は、「われわれの体と魂を永きにわたり支配してきた世俗世界と精神世界の専制者（ファラオ）のくびきから逃れ、昔のような正義、愛、兄弟的社交関係を再び築くため(25)」だとされる。そしてイエスの教えに反して、善行ではなく支配することに重きを置く人々に、それを示すのだと言う。イエスは人に仕えるために来たのであって、人から仕えられるために来たのではなかった。ところがこの世では、他人に最も奉仕する人ではなく、最も多くのサーヴァントを抱える人が偉大だと見なされている。真のクリスチャンは、人々の重荷を軽くするために努力しているが、そうでない者たちは人々の重荷をさらに重くするような工夫を日々考え出している。あたかも彼らの計画は、貧民を困らせ悲しませることであるかのようだ。

こうした著者の宗教的信条が語られた後、家族国家の中身が述べられる。

安息日を除いて毎日、仕事に適した人々を雇用して、六時間労働の仕事に就かせる。通常、午前九時から始まり正午まで、そして三時から夜の六時までである。もし午後を自由に過ごしたい者がいるなら、午前四時から午前一〇時まで、あるいは午前六時から正午までの仕事も可能である。また別の日にその分を増やして労働しても良い。激しい労働をしなければならない人にとっては、夏の朝、涼しい間に仕事を始めても良い。そして日中の暑い時に休息を取るのである。……

六時間労働制が標榜されているが、この労働を行うのは、「まじめ」で「理性的」で「公平な」人だけだと後に述べられている。そうした貧民を上記の四つの職業に雇用するというものである。では、労働を拒否する浮浪者やいわゆる「怠惰な」貧民についてはどうするのか。

われわれの協会にふさわしくなくて、われわれによって仕事に就かされる者たちは、賃金を受け取って、一日一二時間労働させられる。午前六時から正午まで、そして午後二時から夜の八時までであり、それは彼らが適格となり、進んでわれわれに加わろうとするまでである。

つまり、働く意欲の乏しい貧民たちには労働時間に差をつけ、一二時間労働とする。彼らは賃金を受け取り、これも後に述べられていることだが、自身の家や宿泊場所に毎日戻るのである。そしてこれは彼らが協会のメンバーにふさわしくなるまでの準備期間だと言う。

貧民ではない裕福な人々も協会の活動に参加できる。

われわれの協会に属さない裕福な人の子供は、学校に来て、有能な教師をわれわれが見つけた後、技芸、科学、言語を教わることができる。そして安息日を除く毎日、何らかの有益な職業教育を受けながら、三時間の労働を行う。……

われわれの協会に属さない裕福な人たちで、われわれとともに暮らすことを望む人は、仕事を強制されることはない。もし彼らが時々自分で何かをしたくなれば、彼らは世のなかのすべての裕福で暇を弄ぶ人々にとっての良い手本となるであろう。自分の食事、衣服、住まい、そして他の必要なものに自分で支払いを行えば、彼らは自由である。[26]

裕福な子供たちにも職業教育を行うのは、将来彼らが富を失った場合に備えて、手に職を付けておくためのものだと言う。

さて、著者が構想するこの小国家は、寄付を募って基金とし、それによって人を雇用したり共同体の土地を購入するのであるが、そこに前述の四種の人々が資財や必需品を持参して居住し、共同生活を行うのである。だが、それぞれの私有財産は保護される。

われわれの協会に入る人たちは、自分の持ち物を共有の物とするよう強いられることはない。……もし誰かが自由意志で、気前の良さから、協会の基金を増やすために何かを持参する場合、それは公共の利益のために使われ、特定の個人の所有物とはならない。……もし協会を去りたい人がいれば、自分が持って来た物を受け取るだけではなく、協会に入ってから以降にあった利益の分け前も受け取る。利益がなければ、受け取る分はない。われわれの所に来る者は、自分の個人的な収益を求めてはならない。[27]

つまり、自身の私有財産は認められるが、協会に属する者は協会のために働き、その利益は基本的に協会のものであって、そこから会員とその家族は常に必要なものを与えられるのである。ただ、退会する際には、その利益の一部が支給されるというわけだ。

こうした共同体を機能させるために、二つの大きな建物が必要だとされ、一つは都市あるいはその近郊に、あと一つは農村で川の近くにである。都市の建物には商人を中心に二〇から三〇の家族が居住でき、衣類や靴、帽子ほか、様々な商品を扱う店舗をいくつか有するほどの大きさである。協会に属する職人が製造した商品をこれらの店舗で販売するわけである。農村の建物には、農民、職人、教師、水夫が居住する。そして著者によると、協会のこうした事業は間違いなく発展すると考えられる。なぜなら、生活費が安いので、すべての商品を低価格で生産できるからである。

協会の運営に関しては、民主的方法が標榜されている。例えば、職場を支配する者が現れないように、誰も一年以上にわたって職場の指揮を取ることができない。協会全体の理事長は、その富によってではなく賢明さによって、選挙で選ばれるのである。

また、協会においては複数の家族が集団で生活し、食事も共同で取るのであるが、これには利点があると言う。様々な家事を少数の女性によって行えるので、残りの女性は何らかの仕事に雇用されることができるからである。

だがすでに職を得ている職人や商人のなかに、こうした協会のために仕事を行うことを望む者が、果たしているのであろうか。著者は以下のことを力説する。

職人や商人のなかには不安に思う人もいるかも知れない。仕事が成り立たないのではないか、自分の特定の雇用主からこの共同の協会へ移ると、顧客を失うことになって生活できなくなるのではないか、と疑ってである。だが考えてもらいたい。自分と一緒に居住するすべての人々が顧客になるのだ。そう考えると、不安から解放されるであろう。また誰もが自分一人で生計を立てるのではないのだ。もし誰かが病気や他の理由で仕事に向かうことができなくなったら、残りの者たちが同じ共同体のメンバーとして団結し、彼のために仕事をするだろう。われわれは互いの信義を確信していて、愛情の点で、他のどんな協会よりも勝っているのだ。(28)

健康で自分の商売に有能であって、他人よりもたくさん稼げる人は、われわれのところに来たいとはあまり思わないだろう。なぜなら彼らは、共有財産よりも個人的利益をより好むからである。しかし考えてもらいたい。自分の健康がいかに早く無くなるものであるか。だから自分自身や家族のために、躊躇せず、協会での生活を望む方が合理的なのである。(29)

すなわちこの協会は、一種の保険機構である。病気や老齢で働けなくなった場合でも、協会はその生活を保護するのである。協会の女性が夫を亡くした場合も、彼女とその子供は扶養される。また協会の子供たちは、その両親の死後も養育されるのである。職人や商人が上げる利益は協会のものだが、逆に損失が生じても、それは協会の損失なのである。

上記の引用からも分かるように、協会が貧民を雇用するのを本来の目的としていても、すでに仕事で成功している職人や商人にも参加を呼びかけ加入を図ることで、団体の経済的成功を求めていたように思われる。そうした者たちが中心となって、貧民を雇用しつつ仕事を進めていくのであろう。また、貧民の子供たちには基礎教育を与え、職業訓練を施すことが考えられていた。因みに、子供たちにはキリスト教の聖書以外に特定の宗派の宗教教育は行わないと宣言している。

この小冊子の後半には、一四頁に及ぶ協会への招待状が付加されていて、また協会の施設がロンドン、ブリストル、及びアイルランドに設立されることが表明されているが、実際にいかなる結果を伴ったかは不明である。

四、貧民による宣言

この章で最後に取り上げたい小冊子は、これまでのものとはかなり趣きが異なる。小冊子の表題は、『イングランドの抑圧された貧民からの宣言。国中の荘園領主と呼ばれ、自らもそう呼ぶすべての者たちに向けられた宣言。彼らは共有地や荒地に生育する木々をすでに伐採していたり、あるいは不安や強欲から伐採を意図している者たちだ』[30]とされていて、出版年は一六四九年、冊子の末尾にはジェラード・ウィンスタンリー以下合計四五人の氏名が載せられている。ウィンスタンリーは、ピューリタン革命期の最左派であったディガーズ（真正水平派）の指導者として有名であり、わが国においてもしばしば論じられてきた人物である。[31]本章ではこれを、貧民関連小冊子群のなかでも貧民自身による際立った意志表明の一つとして捉え、彼の独特の思想の一端に触れてみたいと思う。

彼は冊子の冒頭で、「その名を記名したわれわれは、イングランドの抑圧されているすべての貧民の名において、荘園領主や大地主と自らを呼ぶお前たちに宣言する」と、自身を貧民の代弁者として位置付けた後、その主張を展開する。

大地はお前たちのために、お前たちがその主となるべく作られたのではない。またわれわれはお前たちの奴隷、サーヴァント、物乞い者となるべく作られたのでもない。そうではなく、個人とは無関係の、すべての人が共有する生活手段として大地は作られたのである。だからお前たちが個人から個人へ土地やその産物を売買したりするのは「呪うべきこと」であり、そうしたことは戦争によってもたらされたものである。戦争は一部の人間が他の者たちに対して行う殺人や泥棒行為によって成り立ってきたし、今でもそうである。それは、他の者にとって最も大きな重荷であり、また世界がそれに苦しんでいる不正な権力である。土地を囲い込み、資産として所有したりする権力は、お前たちの先祖が剣の力によって世界にもたらしたものであった。お前たちの先祖は、最初に自分たちの仲間を殺し、その後に彼らの土地を奪い取り、あるいは盗んだのであり、その土地を代々お前たち子孫に残していったのである。それ故、お前たちが人を殺したり物を盗んだりしなかったとしても、お前たちはその呪われた物を剣の力によって手にしているわけだ。……

お前たちとお前たちの先祖が殺人や盗みによって財産を得、同じ力によってそれを保持しているわけだから、われわれも世界の正義の法によって、お前たちと同じ平等の権利を土地に対して持っているのだ。だが、われわれは「私有財産」と呼ばれるこの厄介な悪魔について、言い争う機会は与えられていない。大地は、その穀物や家畜すべてとともに、例外なくあらゆる人類同胞が共有する生活手段の宝庫として創られたのである。(32)

つまりウィンスタンリーは、土地の私有財産制を否定し、その産物も含めて大地を人類の共有財産として考えるのである。そしてある種の共産主義社会の形成を標榜していた。

この世の共同社会についてのわれわれの仕事が前進した後で、われわれは他の金属と同様に、金銀を利用しなければならない。しかしそれで物を売買するためではない。というのは、売買は人を大いに欺く行為であり、個人から個人へ大地を略奪し、盗み取る行いであるからだ。それはある者たちを領主にし、他の者たちを物乞い者にするような、そしてある者たちを統治者に、他の者たちを被統治者にするような行為なのだ。そしてまたそれは、大量殺人者と大泥棒を看守や刑吏にして、か弱きまじめな人々を投獄し、絞首台に架けるような行為である。

われわれは、天地創造の際にわれわれに与えられた特権を理解すべく創られているのであり、その特権は剣の力が支配し始めた時以来、これまでわれわれやわれわれの父祖には否定されてきたのである。そしてそうした創造の秘密は、大学の学者のために、その伝統的なオウムのような言葉のなかに閉じ込められてきたのである。(33)……

貧民が本来有するはずの土地に対する権利が、地主によって剝奪されているとの主張であるが、著者がより具体的に批判の対象としたのは、地主による共有地の囲い込みであり、その森林の伐採であった。

共有地で育った木々を、……お前たちは自分自身の個人的使用のために伐採して売り払っているのだ。それによって共有地は、お前たち自身がそれは貧民に属するものだと言っている

共有地は、荒廃し、抑圧されている貧民たちはその権利を奪われているのである。(34)

大地はお前たちと同様に、われわれのためにも創られたのだ。そしてもし、共有地がわれわれ抑圧されている貧民に属するものであるなら、同様に共有地で育った木々は確かにわれわれに属するものであるはずだ。(35)

そしてこの小冊子の目的は、以下の宣言を行うことにあった。

それ故、われわれが目指す主要なこと、われわれが決意を宣言して行おうとしていることはこうである。共有地で生育した木々を、困窮しているわれわれが伐採して手に入れ、利用すること。それをわれわれ自身のための、またイングランド中の貧しい同胞のための貯蓄とし、それによって共有地に植林する。そして大地におけるわれわれの労働の実りが増えるまで、それによってパンを手に入れる。そしてわれわれはお前たちの資産、それは共有財産と呼ぶべきだが、に対しては、お前たちがその魂によって自分の土地や財を投げ捨てるまで、干渉したりはしない。(36)……

従って、われわれはお前たちに宣言する。われわれは共有地の木々を伐採し、お前たちには

そうさせないつもりだ。(37)

こうした宣言を行ったウィンスタンリーは、実際に行動を起こしている。一六四九年四月、彼は仲間とともにサリー州のセント・ジョージズ・ヒルに赴き、その未開の共有地を共同耕作して入植した。彼の共同体はクロムウェルの軍隊によって壊滅したが、彼が始めたディガーズの運動、つまり共有地の共同耕作運動はその後も各地で展開されたと言われる。(38)

*　　　*　　　*

一七世紀のイギリスにおいて、当時の貧民問題を論じて出版された多数の小冊子のなかから、本章ではそのごく一部を取り上げたに過ぎないし、また特にウィンスタンリーについては、彼の思想の一部を紹介したに過ぎない。だが、取り上げられた少数の冊子からでも、当時の貧民をめぐる考え方の幾分かは摑み取ることができるのではないだろうか。

前述のごとく、この時期の小冊子群において様々な論者が様々な主張を展開したが、そうした議論が展開されたこと自体、当時の貧民問題の深刻さを物語っていると言えよう。そしてわれわれは、この「貧民学」の展開の過程で、一六世紀とは異なる貧民に対する意識の芽生えを明らかに捉えることができるのである。それはここに引用された文献においても、幾分表明されている。

つまり、一六世紀のイギリス社会は、貧民を本来「危険な存在」として意識していた。なぜなら彼らは「怠惰」であり、社会秩序を乱す者として考えられていたからである。従って彼らの「怠惰」を取り締まる必要があったが、一六世紀においては、基本的には、彼らに処罰を与えることで問題を解決しようとしたのである。エリザベス「救貧法」が規定した浮浪者に対する過酷な処罰に、それは典型的に示されていると言えよう。ロンドンのブライドウェル矯正院が試みたように、強制労働を通して怠惰を矯正する方法には斬新な政策が見て取れるが、彼らの矯正が成功していたとは必ずしも言い難い。前述のように、ブライドウェルはむしろ民衆の道徳を管理して、浮浪者発生を予防しようとしていたのである。ブライドウェルの施設内で、実際に浮浪者に課された強制労働は、処罰的な性格のものであった。すなわちブライドウェルや矯正院においても、貧民や浮浪者が否定的存在として見なされていたことには変わりないわけであって、その点は「救貧法」と同じなのである。

ところが一七世紀の小冊子群においては、一六世紀的意識の残映を引きずりつつも、新たな貧民観が現れてくる。すなわち、貧民をより積極的に雇用しようとする意識であり、さらには貧民の労働のなかに国富の源泉を見出そうとするような考え方である。いわゆる「貧民の有利な雇用」論であり、利潤の対象としての貧民観である。貧民をうまく雇用すれば経済的繁栄がもたらされるとするこうした新しい思考は、ワークハウス建設論に結実されることになる。それは小冊子群出版の後半の時期、一七世紀の最後の四半期に、多く見られるものである。

次の章では、その一人の論者を取り上げてみよう。

第五章　リチャード・ヘインズとワークハウス

チャップリンが子供の頃に、ワークハウスに収容されていたという話を聞いたことがあった。そのことを知り合いのイギリス人に聞いてみると、それはランベス・ワークハウスだと言う。それで、ロンドンの古い地図と最近の地図を比べて位置を特定し、その跡地を見に行ってみた。チャップリンが生まれたというエレファント・アンド・キャッスルの近くである。ブライドウェルと同様に、建物の跡は残っていなかったように記憶している。今は無き施設であるが、ブライドウェルと同じく、いろいろな人の人生がそこで交差したに違いない。

イギリスのワークハウスは二〇世紀まで存在していた施設である。その初期の形態は一七世紀のロンドンにおいて試みられているが、一七世紀末からイギリス各地で作られていった。従って、二世紀以上にわたって、比較的最近まで存続した施設・制度になるが、その詳細な研究はまだあまり行われていない。例えば、ロンドンのワークハウスなら、ギルドホール図書館にその史料が豊富に残されているわけだが。

こうしたワークハウスの出発点は、一七世紀の貧民関連小冊子群にある。そのなかにワークハウスの初期思想家たちがいたのである。彼らは貧民に対して、一六世紀とは異なった見方をしていた。貧民の労働に価値を見出したのである。つまり「怠惰な」貧民が労働するようになれば、彼らに対する救済負担が軽くなるだけではなく、国富の増大につながる。彼らを低賃金で雇用すれば、利潤を上げることができる。そうした考え方であった。かつて中世末期においては、貧民のなかにイエスを見たわけだが、ここでは言わば、貧民のなかに富の源泉、眠れる経済的価値、を見出そうとするものであった。

そして「怠惰な」貧民を労働させるには、「勤勉」の習慣を身に付けさせねばならないわけであり、そのための施設がワークハウスなのであった。ワークハウスに貧民を雇用して、彼らを勤勉へと導いて労働させるならば、従来負担となっていた救貧税も軽減できるし、何よりも彼らの生産活動によって、富を生み出すことができるというものであった。

こうした「経済的な」貧民観が一七世紀後半に登場したわけだが、それはまた近世の貧民観に生じた一つの転換であって、「聖なる貧民」から「危険な貧民」への変化と同じぐらい大きな転換であった。

一、課題設定

これまで述べられてきたように、近世のイギリスは一六世紀後半のエリザベス時代以来、厳しい不況が続き、貧民問題という深刻な社会問題を抱えていた。もっともこうした事態はイギリスのみに限らず、ヨーロッパの他の国々にも見られた共通の現象であり、また貧民問題の原因も不況のみには帰せられず、急激な人口増加とそれに伴う実質賃金の低下が基底にあったと言われる。従って、一七世紀後半からイギリス経済は回復の兆しを見せるが、その後も貧民問題は長らく尾を引くことになる。

そうした状況のなかで、貧民問題をいかにして解決すべきかについての方策を論じた小冊子が、一七世紀後半を中心にして多数出版されるに至り、「貧民学」とでも言えるような言説を形成した。そのなかで様々な論者が様々な議論を展開しているが、やがて一七世紀の最後の四半期になると、議論の中心となる組織構想が浮かび上がってくる。それがワークハウスという組織であり、ワークハウスにおいて貧民を雇用するという構想なのであった。

この章においては、二〇世紀までイギリスに現存したワークハウスの出発点とでも言うべき、一七世紀後半の貧民関連小冊子群のなかから、リチャード・ヘインズ Richard Haines による数点の小冊子に焦点を絞って、その貧民雇用論やワークハウス建設論を跡付けてみたいと思う。従来、ワークハウスをめぐる初期思想家としては、サミュエル・ハートリブ、マシュー・ヘイル、ジョサイア・チャイルドなどがしばしば取り上げられ、わが国においても論じられることがあったが、(1)リチャード・ヘインズに関してはあまり考察されてこなかった。そうした点からもここで彼の論説を扱うことには意義があると思われる。

ここで取り上げるヘインズの小冊子は以下の七点である。

1・The Prevention of Poverty……, 1674.

2・Proposals for Building in every County A Working-Alms-House or Hospital……, 1677.

3・Provision for the Poor: or, Reasons for the Erecting of a Working-Hospital in every County. ……, 1678.

4・A Model of Government for the Good of the Poor, and the Wealth of the Nation. ……, 1678.

5・A Breviat of some Proposals ……, 1679.

6・England's Weal & Prosperity proposed: or, Reasons for Erecting Publick Work=Houses in every County, ……, 1681.

7・A Method of Government for such Publick Working Alms-Houses ……,

最後の七点目は出版年が記されていないが、明らかにヘインズの著作のなかでは末期に属するものである。また、彼の論説の中心を形成しているのは1、2、4の三つの著作であって、その他の冊子は提案内容をまとめたり、あるいは意見を修正したりしたものである。従ってここにおいても、1、2、4の著作を中心にしてヘインズの論説を跡付けたいと思う。

二、富国論

上記著作1の表題は、『貧困の防止。あるいは国中の商工業の衰退、地価の下落、貨幣の不足の原因についての論説。同時にそうした状態を直し、この王国を際立った裕福さと繁栄に導くためのいくつかの方策。それは、年間何百万ポンドも貯蓄し、商工業を拡大し、あらゆる種類の人々を常時雇用し、そして臣下にとって決して負担ではなく有益となるような方法で王の歳入を増加させることによってである(2)』となっており、一見してこの著作が国富を増大させるための提案であることが分かる。

ヘインズはまず、当時のイギリス社会のなかで、産業の不振と貨幣の不足を嘆く多くの人々の不平が声高に聞かれるとした上で、国中が貧困化している様子を次のように述べている。

要するに、人々のあらゆる状況が人々の地位を変化させ、本来の自分より下へと沈み込ませたように見える。ジェントリは、地価の下落と、地代の不安定が原因で、ヨーマンのレヴェルの生活に追い込まれている。ヨーマンは、従来の一般的農夫の生活さえも維持するのが困難である。農夫は、昔の貧しい未熟練労働者(レイバラー)と同じぐらい厳しい生活を強いられている。そして未熟練労働者は一般に、家族持ちであるなら、今にも物乞いしそうである。だが、たいていの教区は貧しいので、彼らに必要なものを支給したり、救済したりすることはほとんどできないのである。(3)

つまりそれぞれの階級が従来の生活レヴェルを維持することができないことを、著者は嘆いているわけだが、王国全体に「敵軍のように」押し寄せてくるこの貧困の原因については、二つの点を指摘している。(4) 一つは輸出向けの商品や産物の生産が減少していること、もう一つは外国の高価な商品や産物の輸入が激増していることである。すなわち貿易収支の赤字により毎年巨額の金が国外に流出するため、国家が貧困化しているという理屈である。そして列挙されている高価な輸入品とは、鉄、材木、ブランデー、フランスワイン、亜麻織物、その他のフランス製品、そしてドイツビール、コーヒー、チョコレート、塩、硝石、その他、とある。これらの輸入品は、亜麻織物とワインを除いて、過去四〇年かそこらの間に輸入されるようになったものだが、全体の輸入高は控え目に見積もっても年間二〇〇万から三〇〇万ポンドに達するとしている。これに対して自国の主要産業のうち、特に毛織物と鉄の生産が落ち込んでいて、それを埋めるような新産業が発展していない。

こうした輸入超過という「成長する悪魔」を防ぐ最善の手段は、第一に、自国に新しい製造業を興すこと、第二に、輸入品のなかでも不必要で有害な物を輸入禁止にすること、この二つとなる。(5)

そしてヘインズが主張する新産業で、同時にそれを輸入禁止にすべき品目は、亜麻織物だと言う。イングランドの土地は麻と亜麻を豊富に産し、亜麻織物を作るのに適しているからとのことだが、亜麻織物生産は次のような利益をもたらすと唱えている。(6)

一、それは土地の価値を上げる。というのは、穀物や牧草のためなら、一エーカー当たり年間二〇シリングの価値しか生み出さないが、麻や亜麻を栽培すれば四〇から五〇シリングの価値になるから。

二、非常に多くの貧民家族がこれによって仕事に就ける。つまり男性だけではなく、女性や少年少女も常時雇用できる。仕事がないため、「彼らの大部分は今や怠惰が身に付き、他人の労働によって生活している」のである。

三、資金難のために、法に従って毛織物業に貧民を雇用することができない教区でも、亜麻織物なら容易に彼らを雇用できる。そうすれば、教区に全面的に扶養されている多くの者が自活できるようになる。

四、これによって浮浪者を雇用できる。

五、亜麻織物輸入のために、現在国外に流出している年間数十万ポンドが国内に保持されることになる。また麻や亜麻を栽培することで、船舶用の帆、錨綱、その他の縄類の製造業を刺激する。

亜麻織物生産の利点を述べるなかで、著者自身の貧民問題に対する関心、特に貧民の雇用という問題に対する強い関心が表明されていると言えよう。この小冊子の主題は、国富をいかにして増加させるかの点にあるわけだが、そうした問題意識の背景には当時の貧民問題解決への強い願いが存在していたのである。ただ、ワークハウスによる貧民の雇用という考えは、一六七四年のこの段階ではまだ見られず、三年後を待たねばならない。

上記五つの利点のうち、浮浪者雇用の部分については、ヘインズの浮浪者に対する観念やまたその政策に関する提案も含まれているので、以下に一部引用してみたい。

国家の大いなる不名誉であって、不利益であるような、戸口から戸口へぶらつく多くの人々が、この手段によって国家を裕福にさせる道具になるかも知れないのだ。この浮浪者という耐え難き厄介者を防ぐための大変健全なる法が存在するわけだが、役人たちは一般にあまりにも怠慢であるため、またトラブルを避けようとしたり、多忙のせいにしたり、あるいはその不幸な結果を考えて、めったに法を執行しない。わたしの知っている役人で、自分の職務を進んで行い、法を執行している人がわたしに語ったことによると、浮浪者の人数は非常に多く、また彼らは危険であるので、寝ている間に自分の家や納屋に放火されるのではないか、何か個人的な危害を加えられるのではないか、と恐れているとのことである。実際、こうした警戒心を持つことには少なからず理由がある。彼らの厚かましさは相当なものだから。……

こうした問題を解決するには、浮浪者を捕まえた貧民に十分な報奨金を支給することを提案したい。浮浪者が捕まった教区の貧民監督官によって支給されるのである。そして逮捕された浮浪者が自分のところに連れて来られた時、自分の職務を果たさない治安官や役人には厳しい処罰を科す。これによって、非常に多くの怠惰な者たちが自分の利益のために、また国家の利益のために雇用されよう。このようにすると、六ヶ月後には王国に物乞い者はいなくなるであろう。(7)

ここでは浮浪者に対する嫌悪感が率直に述べられていて、また役人ではない一般の「怠惰な」貧民に浮浪者を逮捕させようとの提案を行っている。一六世紀以来、働けるのに働いていない貧民や浮浪者を「怠惰」であるとし、彼らを「危険な存在」として見なす傾向が強くなっていったが、一七世紀後半のこの時期においてもそうした態度は色濃く残存している。だが、こうした「耐え難き厄介者」も仕事に雇用されれば、「国家を裕福にさせる道具」に成り得るという思考そのものは、この一七世紀後半になって生まれてきたものであった。他の論者においても表明されている、いわゆる「貧民の有利な雇用」論である。貧民を安く雇用して利潤を上げるという発想の転換であった。さらには、「怠惰」にして働いていない貧民や浮浪者の潜在的労働力のなかに、国富の源泉を見出すという思想である。貧民や浮浪者を社会的異端者として否定的にしか見なさなかった一六世紀社会のことを思えば、また嫌悪感がいまだ残存する現実があったことを考慮すれば、貧民の労働力を積極的に評価しようとするこの一七世紀の思考の転換には、驚くべきものがある。

さて、ヘインズはその富国論の切り札として、亜麻織物製造業の興隆を説き、その産業に貧民や浮浪者を雇用することを提案する。従って、外国製品の輸入禁止品目の第一に亜麻織物をあげているが、他の輸入禁止品目とその理由を列挙すると、以下の通りである。(8)

一、亜麻織物。

二、飲み過ぎると「殺人リキュール」となるブランデー。ブランデーを輸入禁止にすれば、ビールやエールのような国産商品の消費が伸びるし、ブランデーに使われている年間三〇万ポンドの金を節約できる。

三、粗塩。塩は自国で作れるから。自国で生産すれば、海岸の土地改良になるし、年間五万ポンドを節約できる。

四、硝石。これも自国で生産できる。

五、鉄。国産化すれば、年間何十万ポンドも節約でき、また多くの人を雇用できる。

こうした商品の輸入禁止措置に加えて、年間一〇〇万ポンドに達するというフランスワインの輸入を制限して、より「健全な」自国産のりんご酒（サイダー）で埋め合わせすべきことを提案している。また逆に、輸出を厳格に禁止すべき商品も指摘する。漂布土 fuller's earth と羊毛である。漂布土は毛織物生産に必要であり、イギリスしか産出しないので、これを輸出禁止にすれば他国の毛織物産業が打撃を受ける。また原料としての羊毛の輸出はこれまで他国の毛織物産業の発展を促してきたわけであり、これを輸出禁止にすると、他国に代わってイギリスの毛織物産業がかつての繁栄を取り戻し、非常に多くの雇用を生み出し、国家に大きな富をもたらすことができるのである。(9)

さらに著者は、貨幣を改鋳して質を落とす政策まで提案している。一二ペンスで一シリングであるところを、九ペンス分で新しい一シリング硬貨を鋳造するというものであり、四分の一だけ質を落とすわけである。こうすれば、質が落ちて軽くなったイギリス貨幣を外国商人は望まなくなり、貨幣の海外流出を防ぐことができるという理屈である。(10) こうした政策が王国にとって不名誉なことではないか、との意見に対しては、貨幣がどの国家のものよりも重いことが名誉だとは言っても、「ヨーロッパで最も貧しい王国だと正しくも言われること」の方がはるかに不名誉なことではないか、と反論している。(11)

さて、前述の輸入禁止措置を実行すれば、今後四〇年間に九〇〇〇万ポンドが節約できるという見積表を末尾に付けて、この小冊子は結ばれている。つまり輸入を抑えて、新たに亜麻織物業を発展させることで、「ヨーロッパで最も貧しい」イギリスを繁栄に導きたいという主張である。この議論を出発点として、ヘインズはワークハウス建設論へと主張を展開していくことになる。

三、ワークハウス論

『貧困の防止…』から三年後の一六七七年に、『ワーキング・アームズ・ハウスあるいはホスピタルを各州に建設するための諸提案。亜麻織物の商業と製造を遂行するための最善の方策として』[12]が出版される。ワーキング・アームズ・ハウスあるいはホスピタル（労働慈善院）とは、後のワークハウス（労役場）のことであり、この著作においてヘインズは亜麻織物産業興隆の手段として、ワークハウス建設を訴えることになる。

ワークハウスはサミュエル・ハートリブらによって、一七世紀半ば頃から、書物のなかで提唱されてきたものであるが、ヘインズに実際的影響を与えたのはトマス・ファーミンであったと思われる。というのは、この著作の最後で、ファーミンのワークハウスを「賞賛に値する実践」として評価し、ファーミンから得た情報について言及しているからである。[13] ファーミンはこの時期にロンドン郊外において私設のワークハウスを経営し、多数の貧民を雇用した人物であった。

さて、ヘインズの『諸提案』に耳を傾けてみよう。彼はこの著作の最初の部分において、イギリスの抱えている問題を要約して次のように述べている。

貧困という大病のことを考えるならば、大部分の教区にとってその貧民を扶養することが大きな負担となっている。貧民は日々増加している。物乞い者、浮浪者、怠惰な者たちが都市や農村において群れを成している。昔のわが国の毛織物業は回復できないぐらいに衰退している。亜麻織物などを他国から買うために毎年支払っている巨額の金。それでわが国庫は疲弊している。わが国土は穀物を栽培したり、羊毛のために羊を飼育したりする以外に、改良の手段を欠いている。だから土地はほとんど利用されていないため、価値が非常に下がっている。(14)

こうした状態を改善するために、貧民が継続的に亜麻織物の製造に雇用されるようなワーキング・アームズ・ハウスを各州に建設することを提案したいということである。そしてこの計画には以下のような利点があると主張される。(15)

一、亜麻織物の製造は、体が最も弱い人々、つまりきつい仕事ができないような女性、子供、老人を雇用するものである。また同様に、最大の重荷である物乞い者、浮浪者をも雇用する。彼らは怠惰に生活し、他人の労働によって生きている者たちである。そして適切な統治者、役人、規則的管理のもとに監禁する以外には、勤勉と秩序へと導く効果的な方法がない者たちだが、そうした彼らをも雇用できる。

二、ワーキング・アームズ・ハウスは毎年国家に十分な量の亜麻織物を供給できる。最も優れた品質のものは別だが、一三五万二〇〇〇ポンドの価値の亜麻織物を毎年生産できる。その根拠は以下の通り。

（1）経験によってよく知られていることだが、ポンド当たりの紡績が一二ペンスの価値がある糸四分の三ポンドで、エル当たり二シリングの価値のある織物を一エル作れる。[16] その四分の三ポンドを二人の紡績工が一日で紡ぐ。だから次のようになる。

（2）二〇〇〇人の紡績工なら一日で、一〇〇〇エルの織物を作るのに十分な糸を紡ぐ。それは一〇〇〇ポンドの価値。一年に二六〇日だけ働くとすると、年間二万六〇〇〇ポンドの価値の亜麻織物を紡ぐことになる。

（3）五二ある州と同じ数のワークハウスがあって、各ワークハウスに平均二〇〇〇人の紡績工がいるとすれば、年間一三五万二〇〇〇ポンドの織物を紡ぐことになる。

要するに、従来働いていなかった者たちを雇用して、巨額の価値を生み出すような生産を行うことができるという主張であるが、二〇〇〇人を雇用するような施設となれば、相当大規模なワークハウスがイメージされている。そしてこの計画を実行すれば、さらに「三重の恩恵」がもたらされるとする。第一に、外国産亜麻織物を輸入するために国外に支出されている年間一〇〇万ポンド以上にのぼる金を節約できる。第二に、少なくとも一〇万人はいると推測されている怠惰で職を持たない物乞い者や他の者たちを雇用することで、どの教区も負担が軽減される。そして第

三に、麻や亜麻を栽培することで、イングランド中の多くの土地が大いに改良され、価値が高くなるのである。(17)

だが、「体が最も弱い人々」によってこうした大規模な生産を行うことが、果たして可能なのであろうか。この疑問に対して、ヘインズは新しい紡績機を自分が発明したと語っている。それによると一人で五〇の紡ぎ車を回転させることができる機関であり、紡績工は両手を使うだけでそれを動かせると言う。また麻を叩くための装置も発明し、それを使えば、従来一〇〇人が二日掛かっていた量の麻を、五〇人が一日で叩くことができると述べている。(18)これらの「発明」の細部は不明であるが、著者によると、

この紡績機関は容易に動かせるという利点に加えて、そのスピードも相当なものだ。これによって紡績工は、疑いなく一日九ペンス稼ぐことができる。これがなければ一日六ペンスである。五二のワークハウスのそれぞれに、一〇〇〇人だけ紡績工がいるとして計算すれば、これを使うと年間一六万三九六八ポンド以上の稼ぎとなるだろう。そして麻叩きのための発明、麻叩きは最も過酷な作業だが、そのための発明も同様に非常に有益だ(19)

ということとなる。そしてヘインズは、この「発明品」をワークハウスに提供したいとの考えである。そうすればワークハウスは、「すべての貧民の子供たちを勤勉な人間に育てるための養成所」

に成り得るし、またその生産の大部分を「現在は重荷であるような人たち」によって行うことができるのである。[20] こうしたワークハウスを各州に建設するための資金については、救貧税を用いることを提案している。[21]

さて、ヘインズのワークハウス構想を展開したこの著作のなかで最も興味深い議論は、織工をいかにして組織するかを論じた箇所である。

……反逆者や殺人者以外の悪名高き罪人たちを抑圧する方策として、彼らを一生涯あるいは何年間かワークハウスに入れる判決を下すのが、キリスト教的で有効な方策ではなかろうか。ワークハウスで彼らは車輪を回したり、糸巻棒に繊維を取り付けたり、紡ぎ糸を巻き取ったり、麻や亜麻を棒で叩いたり、布に織ったりするなどの仕事ができる。それは通常の器用さがあれば数日で覚えられるものだ。彼らに焼き印を押して新たな悪事を犯させるために追い出したり、戻って来たら海外流刑にしたりするより、それは有効ではないか。そしてこのことは留意すべきことだが、海外のプランテーションでは、今や彼らにはほとんど仕事がないので、商人たちは彼らの船賃をもらわないと、州長官から引き受けるのを拒むのだ。それで、ニューゲイト監獄で有罪宣告を受けた八〇人以上の者が、まさにこの理由で、最近大赦を得た。なぜなら、その者たちをどうしたら良いか分からなかったからである。[22] ……

つまり囚人をワークハウスに収容して、織布などの仕事をさせるというプランである。しかし当然のことながら、彼らの管理の問題が生じてくるだろう。

彼らを十分に監禁することができる。車輪を回す者たちらを他の者から、鉄格子で分けることもできよう。そして敬虔なロンドン市民の賢者たちは、これによって、ずうずうしいナイトウォーカー、つまり放蕩をはぐくむ者をすべてそこに追いやることができるのだ。彼女たちは現在、多くの人々の財産、体と魂に破壊をもたらす存在であり、通常のブライドウェルによっては更生されないのだ。なぜなら、彼女らのブライドウェルでの労働は懲罰でしかなく、彼女たちを一生涯あるいは結婚するまでそこに監禁しても、何ら利益を生み出すものとはならないからである。(23)

こうした説明を通して、われわれはヘインズの構想するワークハウスの輪郭をほぼイメージすることができる。すなわち収容者の中心は、働いていない貧民や貧民の子供たちであるが、反逆罪と殺人罪を除いて、裁判で有罪となった罪人たちも収容するのである。罪人を海外流刑などにするよりも、ワークハウスに監禁して労働させる方が良いという主張である。もっともここで考えられている主要な罪人は、浮浪者と売春婦である。こうした罪人たちはこれまで、ロンドンのブライドウェルを代表とする矯正院 House of Correction に収容されるか、浮浪者ならアメリカへの海外流刑も行われていた。しかし後者の引用に見られるように、ヘインズは矯正院に対しても批判的である。

ロンドンのブライドウェルは、浮浪者対策の切り札として、一六世紀半ばに設立された施設である。浮浪者などの「怠惰な」者たちに強制労働を課して、その「怠惰」を矯正することが目的であった。だが施設の財政上の制約から、収容されて労働を課された者はむしろ少数であったし、また収容は一週間程度であって、「矯正」が成功していたとは言い難い。そして施設内の労働はヘインズの述べるごとく懲罰的性格が強かった。それによって利潤を上げるというような労働ではなかったのである。ブライドウェルから始まる矯正院には、「経済」とは別の統治上の機能が存在したと考えられるが、ヘインズの主張は彼らの労働を経済的利潤の対象として捉えるという一七世紀的思考であった。

この『諸提案』が出版された翌年の一六七八年に、諸提案の内容をまとめた小冊子が印刷されている。『貧民のための給付。あるいはすべての州にワーキング・ホスピタルを建設する諸理由。……』であり、ほぼこれまでの主張が繰り返されている。ただ、注目すべきはオランダのワークハウスについての言及が成されている点である。つまり、「イングランドは羊毛、麻、亜麻という原料の極めて豊富なことで世界に知られている。また貧民や物乞い者の多さでも有名である。それはすべて彼らを監禁して、教育・奨励・矯正を行う州立のワーキング・ハウスがないため(24)」であるとした上で、次のように述べている。

アムステルダムにスリ、巾着切りなどが一人いるとしたら、ロンドンには一〇〇人いるし、平和時のオランダに頑健な物乞い者が一人いるとしたら、イングランドには四〇〇人いると判断される。その理由は何だろうか。オランダには各都市に公営のワークハウスがあり、必要ならば永久に彼らを監禁できるからだ。[25]

オランダのワークハウスとは、冊子にも書かれているように、「研磨の館」Rasphuisと「紡ぎの館」Spinhuisのことであり、一六世紀末にアムステルダムに設立され、その後他の都市にも建設された矯正施設である。[26] ヘインズはトマス・ファーミンの私設ワークハウスとともにオランダの矯正施設に関する情報にも影響を受けていたことになる。

四、ワークハウスの管理について

同年に印刷された著作、『貧民のための、そして国家の富のための、管理モデル。……』は彼が提唱するワークハウスの管理・運営方法を論じたものである。

ヘインズはまずワークハウスという施設をめぐって、次のような不正が行われないようにその管理方法を論じる必要があるとする。[27]

一、施設を建設することで、国家が経済的損害を被ること
二、施設内で貧民が虐待されること
三、ごろつきや不適切な人物が施設の役人になったり、そこで権力を行使したりすること
四、施設に関する不平を無くし違反者を処罰するための裁判が捻じ曲げられること

そしてこうした不正が起こらないように、施設の管理や視察について、教区民各自が以下のような関与を行うことを法制化すべきだと提案される。(28)

一、教区民が年に四回会合し、視察のための代表者あるいは使節を一名あるいはそれ以上選出する。こうして各教区は年に四回、所属するワークハウスにその代表を送って、施設の状態を視察する。視察を怠った教区や個人は罰金をワークハウスに支払う。各代表は馬でこの仕事に出かける場合、一日に二シリング六ペンスを教区から支給される。徒歩の場合は一シリング六ペンス。一回の視察に六、七日以上は掛けないという条件である。教区にとって負担が大き過ぎる場合は、二つ三つあるいはそれ以上の小教区が連合して行っても良い。

二、招集された各教区の代表者は次の権限を持つ。代表者はワークハウスの理事を選出し、規則を定め、管財人を選出し、役人を任命する。そして必要だと判断する度に、ワークハ

ウスに送られている教区民の福祉状態を視察し、彼らが虐待されていないか、落胆させられていないかどうかを調べる。彼らの不平を聞き、あらゆる混乱を正す。そして役人や管財人を召喚して報告を行わせ、その役職を続けさせるか、解雇して新たな者を選出する。これらの目的のために、代表者はいくつかの委員会に分かれて仕事を分担する。

三、代表者たちは全員平等であり、選ばれた議長は宣誓を行った上で一日だけ職務を遂行する。

四、酔っ払い、賭博師、人をののしる者、粗野あるいは秩序を乱す者は、運営上のどんな役職に就くことも許されない。しかし収容者の自立を奨励する意味でも、それに値する人物が収容者のなかにいたならば、下級の役職にそうした者を登用しても良い。

五、贈収賄を行ったりそれを持ち掛けたりした者がいた場合、その者は永久にワークハウスの役職に就くことはできない。またワークハウスに関わる投票を行うこともできない。

六、代表者たちは、年に四回、収支報告を行わなければならない。

七、ワークハウスが完成するまで、その建設と設備のために、各教区あるいは教区連合は二週間か四週間おきに代表者を送り、教区が支払えるだけの資金を持参させる。建設のために雇用される監督官などが代表者によって選出され、その者には二週間おきに報告を行わせる。

ワークハウスの管理規則を教区からの代表者たちが決定するということであり、その具体的内容についてはその決定に任されている。ただ管理・運営の原則として、代表者たちの利害が特定の個人に集中しないように配慮されている点を強調している。また施設のなかでどのような役人を配置するかに関しては、ロンドンのクライスツ・ホスピタルが良い手本になると述べられている。

具体的規則については語られていないが、収容者についてはかなり特定されている。(29)

一、教区が扶養責任を有する貧民の子供で四、五歳以上の者は、ワークハウスに雇用される。自宅で生計を得られない障害者や、教区が責任を有する他のすべての者も雇用される。ただし、結婚していて子供を有する者を除く。それは夫婦を別々にしないためである。

二、ワークハウスで生育した男子は、一三歳か一四歳になると、自由に奉公に出ても良い。女子も同様である。

三、住居のない物乞い者、浮浪者、また合法的な仕事で生計を得ることができない者は、すべてワークハウスに収容される。

四、法に従って絞首刑などの判決を受けた危険な人物、犯罪者、特に偽証罪や偽造罪で有罪となった者を、殺人者と反逆者を除いて、すべてこのワークハウスに一生涯、あるいは特定の年限、監禁できる。彼らはその間に矯正の機会を持つかも知れないし、自分の労働によって多くの人々を扶養することで世間に奉仕することもできよう。

五、監獄に収監されている債務不履行者を、ワークハウスに移しても良い。わが国の監獄の状態が大変ひどいものだからである。

「救貧法」の規定によって教区が扶助すべき人々を中心に、物乞い者や浮浪者、また他の犯罪者も収容あるいは監禁して、亜麻織物製造の労働をさせるというものである。ブライドウェルにおいても重罪犯を除いて様々な犯罪者や「怠惰な」者を監禁して労働させたが、前述のように、ブライドウェルが懲罰的性格の労働であったのに対して、ワークハウスでは収容者の労働をより積極的に捉え、それによって利益を追求しようとするものであった。従ってヘインズは、収容者の稼ぎの見通しについてもこだわり、彼が発明したとする紡績機関を用いた場合のその高さを強調する。すなわち、男性なら一日に一八ペンス、女性は一日九から一〇ペンス、身障者は一日八から一〇ペンス稼げる。「従来、一日六ペンス稼げた人なら、このワークハウスでは容易に九から一〇ペンス稼げる」のである。そして四、五歳の子供なら、教区が扶養するとなると週に一シリング六ペンスから二シリング掛かるわけだが、二ヶ月間仕事を教えることで、初年度は一日三ペンス稼げる。二年目は五ペンス、三年目は七ペンス、四年目には九ペンス稼げるだろう。「だから九歳になれば、わが機関を使わないで女性が同じ仕事で得る稼ぎよりも多くの金を稼ぐことができる」という見積もりである。(30)

さて、ワークハウスの運営に関して述べられたこの著作までは、亜麻織物製造業の自国での興隆を標榜していたわけであるが、翌年以降、ヘインズはその論点を転換することになる。

五、毛織物工業の発展のために

一六七九年に印刷された『他国において実行されている方法により毛織物製造業を迅速に復興させるために、国家の賢者、国王陛下、両議会に用意されたいくつかの提案の要約。……』は、表題の通り、亜麻織物ではなく毛織物の生産増大のための方策を論じた著作である。その主張の骨子は、イングランドは他国よりも多くの羊毛を産出できるが、それを従来のように他国に輸出するのではなく、自国で毛織物に加工すれば国家に大きな富をもたらすことができる。その方法は、二〇万人と推定される「怠惰な」人間をワークハウスにおいて雇用して、従来の半分の賃金によって毛織物生産を行わせることであり、これによって国家の富は少なくとも年間四〇〇万ポンド増大する、というものである(31)。

この後の著作においてもそうだが、これまで主張されてきた亜麻織物製造の興隆についてはほとんど触れられていない。ただ、「貧民を雇用するのに十分な羊毛がない場合でも、この方策が揺らぐことはない。というのは、彼らを亜麻織物製造に有利に雇用できるからである(32)」と述べるにとどまっているのである。また彼の主張する「発明」に関しても言及はない。こうしたことの理由が、亜麻織物製造とは別に毛織物工業も復興させたいという希望からか、それとも彼が発明したとする機関の有効性が否定されたために、論点を毛織物工業に移行させたのか、定かではない。論点の移行の経緯は不明である。

主張の骨子のなかで、貧民を「従来の半分の賃金で」雇用するとあるのは、当時しばしば語られた説と合致するものである。つまり、低賃金が貧民を勤勉に保つための唯一の手段だという考え方である。[33] 貧民が余分な金を持つと放蕩に使い怠惰になるため、なるべく低賃金に抑えておく方が、彼らは勤勉に働くのだという「理屈」である。ヘインズによると、そうした安価な労働力を用いれば、ワークハウスは「かつてないほど安い毛織物」を生産できると主張している。[34]

毛織物工業の発展については、彼のその次の著作においてより詳しく論じられている。表題は、『イングランドの福祉と繁栄のための提案。すなわち各州に公営のワークハウスを建設する諸理由。それは勤勉と毛織物製造業を迅速に促進するためのものであり、年間何百万ポンドも国家の富を増大させ、また何十万人もの人々が彼ら自身のために、そして王国全土の現在と未来の富と栄光のために矯正され、国家のなかで養育される物乞い者がいなくなることを示すものである。[35]……』となっている。

ここでまず著者は、毛織物工業の重要性を指摘して、「わが国の羊毛は、イングランド国家の富と力と栄光を維持し増大させる商工業の主要な支えである」が、それが成されるのは、「羊毛の輸出によって、あるいは国産羊毛反物の国内での消費によって」ではなく、「国産羊毛反物の海外への輸出とその迅速なる売買」によってであると述べる。そしてこれを可能にするには、「各州に公営のワークハウスを建設するのが最も確かで最も効果的な方策」であると主張する。[36]その理由の骨子は、以下のように説明されている。[37]

一、ワークハウスはすべての怠惰な者、貧民、物乞い者、浮浪者などに勤勉の習慣をもたらす。このことは、すでにワークハウスが設立されうまく運営されている国において証明されている。

二、ワークハウスがなければ、そうした者たちに勤勉の習慣を身に付けさせることは不可能であり、王国の繁栄をもたらす製造業に彼らを雇用することはできない。

三、これによって物乞い者はいなくなる。そして貧民たちに、職がないという不平を言わせないで済む。

四、これによって一〇万人、あるいは二〇万人いる貧民たちが幸福になれる。また年間何百万ポンドも国家の富を増加させる。

五、これによって勤勉と毛織物製造業が効果的に促進されるのだが、現在ワークハウスがないため、わが国の羊毛はポンド当たり一二ペンスから六ペンスに下がっている。なぜなら現在雇用されている人間の数では、羊毛の半分しか加工できないからである。

六、羊毛の輸出は、国産毛織物の海外市場を破壊してきた。だがもし羊毛が今ほど輸出されていなかったら、その価格はポンド当たり一二ペンスから三ペンスにまで下がっていただろう。なぜなら羊毛のストックが増加すれば、その価格は低下するに違いないからだ。だからわが国の商工業を破壊しないで羊毛価格を上げるには、すべての怠惰な貧民を勤勉にして、自国でそれを加工するしかない。これによってのみ、わが羊毛はポンド当たり一二ペンス、いや一八ペンスに上昇する。そしてそのことは、すぐに羊毛輸出の機会を除去する。するとフランスの毛織物製造業は打撃を受ける。なぜなら彼らは、わが国の羊毛を混ぜないと、毛織物を生産できないからである。従って、わが国の富と商工業を破壊する手っ取り早い方法は、羊毛を輸出し、多数の貧民を怠惰や放蕩の状態にしておくことであり、わが毛織物製造業を再生させるには、怠惰な者を勤勉にさせるこの方策しかないということだ。それによって、国内における羊毛の価格は上昇し、また海外市場に安い毛織物を輸出することができるのである。

七、イングランドとアイルランドの羊毛はすべて、議会制定法によって毛織物業者の手に独占されている。彼らは半分もそれを加工できないから、その価格を下げているのだ。

八、この方策によれば、技術はあるが貧しくて原料を持たない多くの毛織物業者が、それぞれ二〇〇人の人間をワークハウスで雇用できる。

九、わが国は他国よりも安い毛織物を売ることができる。わが国には漂布土があるし、わが羊毛は他のものを混ぜないで加工できる世界で最も柔らかい羊毛である。他国はわが羊毛を混ぜないと毛織物を作れない。

一〇、貨幣ではなくて、勤勉が商工業の命である。ワークハウスは勤勉の源である。

一一、貧民に勤勉の習慣が身につくから、教区の耐え難い負担が軽減される。

一二、国家の富は、年間三〇〇万から四〇〇万ポンド増加する。だが、実際にはもっと増えるだろう。もし貧民をすべて雇用するには羊毛が不足する場合は、彼らを亜麻織物製造に雇用すれば良い。わが国には豊富な羊毛があるし、麻と亜麻も、漂布土も、貧民も豊富であるのだから、富と権力と強さと安全性において世界一の王国にするだけの織物を作ることができるのだ。わが国には、二〇万人の物乞い者や怠惰な者がいて、彼らは飲食や衣服に一人年間五ポンド必要である。合計では一〇〇万ポンドに達する。そうした者たちがワークハウスによって自活できるようになる。

一三、ワークハウスの建設費に支払われる金は、海外には出て行かず、国内を循環する。

一四、この方策によって、国王の関税収入は、年間一〇万ポンドを下らない。

これらの項目のなかには論点が重なっている部分もあるが、その核となるのは、ワークハウスで貧民を雇用して毛織物生産を勤勉に行わせ、その安い毛織物製品を海外に輸出して国家の富を増やす、という基本構想である。亜麻織物製造業の興隆を主張していた以前の著作においては、輸入に頼っていた亜麻織物をワークハウスで国産化することが標榜され、それを海外に輸出するというプランまでは述べられていなかった。つまり貧民を用いて国産化することで、輸入に伴う貨幣の海外流出を抑えたいという主張であり、またその要となるものは彼が発明したという紡績機関であった。それを用いれば従来よりも生産性が上がり、また子供でも仕事が可能になるという点であった。

ところが、ここでは毛織物の輸出が中心となっている。そしてワークハウスを用いた生産自体はオランダでも行われていたことから、そのセールスポイントは、イギリスで産出される漂布土と羊毛の品質の良さ、そして貧民の数が多いこと、であった。それらを用いてワークハウスで毛織物製造を行えば、イギリスは他国を凌ぐことができるという主張である。

毛織物製造を行うワークハウスに関しても、その管理方法をめぐる小冊子『公営ワーキング・アームズ・ハウスの管理方法[38]。……』が著されているが、内容は前掲の『管理モデル』と同じであり、毛織物製造業に貧民や怠惰な者を常時雇用するため、各州に二つ三つあるいはそれ以上の公営のワークハウスを建設して、それらが前述の方法で管理されることを提案している。

*　　*　　*

リチャード・ヘインズの著作を時系列的に跡付けてきたが、われわれはその論説を通して、彼の「貧民の有利な雇用」論やワークハウス論を理解することができる。従来、「怠惰な」重荷でしかなかった「貧民」という存在が、国富増大の源であるという彼の主張は、同時代の大きな思想転換を映し出すものである。またワークハウスに貧民だけではなく、犯罪者も収容して労働させるというその考えは、労働を通しての矯正監獄の機能もワークハウスに持たせようとするものであり、興味深い。

リチャード・ヘインズや他の著作家が提唱したワークハウスは、この後、ダニエル・デフォーによる痛烈な批判も受けるが[39]、一六九六年設立のブリストル・ワークハウス以降、イギリス各地において多数建設されていくことになる。だがこうした施設は、ヘインズが強調したような国富増大の要には成り得なかったばかりか、利潤を追求し得る性格のものにさえも成らなかったのである。一七二二年のナッチブル法に見られるように、ワークハウスは貧民救済の抑制手段として使われるようになったと言われる。すなわち、ワークハウスに収容されるのを拒む貧民には救済を与えないとする政策によって、貧民救済の支出を抑制し、救貧税を下げるというものである。ワークハウスは貧民が収容されるのを嫌うような、厳格な、あるいは「恐ろしい」施設として存続し、抑止機能を果たしたという見解である[40]。だがこうした点も含めて、ワークハウスの実態については今後の実証研究が待ち望まれるところである。

「ヨーロッパで最も貧しい王国」は、ヘインズの著作活動の一〇〇年後には産業革命が進行していて、やがて「世界の工場」へと発展することになる。そして議論の的であった「貧民」たちの大部分は、その工場労働者へと吸収されていくはずである。

第六章　貧民の矯正施設と慈善学校

いつの時代でも思想が先行するとよく言われる。最初に何か新しい思想が生まれて、その後にそれが現実化されていくのである。ワークハウスにしても、一七世紀後半にその思想が生まれて、一七世紀末から一八世紀初頭にかけて、それが現実に多数建設されていくことになる。だが、ワークハウスについては思想が形成される一方で、その実験も行われていたのである。一七世紀後半のロンドンにおいてである。

本書の最後のこの章においては、そのあたりの動きを見てみたいと思う。つまり主として一七世紀後半のロンドンにおいて試みられた、初期ワークハウスの概観である。(1) そしてまた、ほかのヨーロッパ都市の状況を見ることにも意義はあるはずだから、第一章で少し取り上げたフランスのルーアンをここで再び登場させたいと思う。すなわち同時期のルーアンの貧民施設についての俯瞰である。

一七世紀後半におけるルーアンの貧民関係の史料を見ると、しばしば貧民を「閉じ込める」enfermer という言葉が用いられている。貧民を監禁する施設が作られ、そこに彼らを閉じ込めて強制労働を課すのである。その施設の名前は「一般施療院」Hôpital Généralである。

かつてミシェル・フーコーは、主として一七世紀以降の西欧世界にこうした監禁施設が多数作られていったことから、この現象を「大いなる閉じ込め」と呼び、貧民を中心にした「非理性」の者たちが監禁された時代として設定した。(2) これまで述べてきた「怠惰」や「不品行」も、その対極にある「勤勉」や「まじめ」という「理性的」世界から見れば、「非理性」となるのである。精神病患者も含めたこうした「非理性」の者たちが、近世西欧の至る所で監禁されたのである。前述のように、わたし自身は、こうした「大いなる閉じ込め」の政策は、道徳管理を行うことによる民衆統治の手段であって、社会的治安や安定を求める政策であったと考えている。もっとも、ルーアンの一般施療院の詳しい「内部構造」を捉えるには至っていないので、ブライドウェル以外に関しては仮説に過ぎない。

一方、ロンドンでもルーアンでも、ワークハウスや一般施療院という貧民対策用の施設が試みられると同時に、貧民の子供を無料で教育する慈善学校設立の動きが活発化していく。フィリップ・アリエスは、この慈善学校こそが近代的初等教育のルーツであると語っているが、(3) 慈善学校はワークハウスや一般施療院と相補的関係にあった。特にルーアンにおいては、慈善学校が一般施療院による貧民の閉じ込めの実践のなかに位置付けられ、一般施療院に従属する立場にあった。このような点を以下において述べていきたいと思う。

一、ロンドン

ピューリタン革命が行われているロンドンにおいて、貧民政策の新たな試みが成された。「救貧組合」Corporation of the Poor の設立である。(4) これは後に普及するワークハウスの先駆的なものであり、また教区単位の貧民行政を打破しようとする企てでもあった。救貧組合はサミュエル・ハートリブらの提案を受けて、一六四七年と四九年に市議会がその設立の条例を発布することにより創設された。ハートリブによれば、その設立の主要目的は貧民の子供たちを教育・訓練し、「国家に適合したサーヴァントになるように」彼らを育てることであった。だが彼が考えていたのは学校よりも、むしろワークハウスであった。彼の目指す目標は、特に子供たちのあいだでの道徳の向上であって、秩序正しい生活を拒む子供はブライドウェルにしばらく収容された後、この施設に戻らねばならない。ハートリブの思想には、貧困は怠惰の結果であり、それは労働によって克服されるという考えが根強く残存していた。(5)

一六四七年と四九年の市条例では、救貧組合に市を四分割して住民に課税する権限を認め、合計五五人の者がその組織を運営することが決められている。設立の目的は貧民を雇用し、浮浪者を罰することとされていた。また労働を拒む者も浮浪者として処罰されるのである。だが実際の組織は抑圧的な矯正院ではなく、教育を重視したワークハウスであった。ロンドンの各教区にチラシが配布され、貧民監督官の保護下にある六歳以上の子供は、読み書きと職業訓練を受けるため、昼食を持参して組合に連れて来られるように求めている。教区で救済を受けている大人が彼らを連れて行き、その日課が終われば連れ帰るのである。だが施設内で扶養される子供もいた。また成人の貧民は、自宅での仕事を与えられるのである。

救貧組合は、ピューリタン革命により国王から没収された二箇所の土地・建物を譲り受けて組織されていた。一六五五年の新聞には、八〇人の子供がそのうちの一つの施設で扶養・教育されていることが記されている。また翌年のチラシには数年間で約一〇〇〇人の成人の貧民を雇用したことが報告されている。だが一六六〇年の王政復古により、王がその財を取り戻したことで、組織は終焉してしまうのである。

救貧組合消滅後も、ワークハウスに関しては多くの小冊子や著書が著され、貧民対策の有効な手段として当時人気があった。一六六二年の定住法にもワークハウス設立に関する条項が含まれている。(6) 前述のように、一七世紀後半においては、貧民を有利に雇用するという考え方が強くなってくるのである。それで一六九八年には救貧組合が再び設立されたが、(7) これは以後のロンドンにおける、ワークハウス設立運動の口火を切ることになったものである。その当初の活動は、二人の請負人を雇い、彼らがワークハウスにおいて六週間貧民に紡績技術を教え、その後貧民は必要な器具を持って教区に戻るというものであった。そして彼らを仕事に従事させておく責任を教区が負うのである。子供を中心にした四〇〇人ほどの貧民が訓練を受けたが、この計画はすぐに崩壊してしまう。それは教区が従来のように、貧民たちに給付金を支給し続けたため、彼らは結局仕事をやめてしまったからである。

この失敗はワークハウスの使用法を変えさせることになる。つまり施設内での直接的な労働管理と、労働習慣の付与が必要になったのである。また貧民の子供たちの雇用に、より重点が置かれるようになった。それで組合は一六九九年にビショップスゲイト通りにある建物を手に入れ、ワークハウスとして一〇〇人の子供を収容した。また治安官やワークハウスの役人によって逮捕された浮浪者、物乞い者たちも収容し、彼らに労働を課した。一七〇三年の復活祭までに四二七人の子供を収容し、その前年度には四三〇人の浮浪者を矯正している。この施設は「事務長側」steward' side と「番人側」keeper's side に分かれていて、前者には七歳から一四歳までの子供、後者には成人の浮浪者、物乞い者などが収容された。子供たちを収容するにあたって、その養育費として一人につき毎週一二ペンスをその教区に課している。

子供たちは毎朝六時起床、六時半に祈りと朝食。七時から正午までと午後一時から六時まで仕事をし、その後祈りと夕食。だが日中に二〇人ずつ二時間の読み・書き・計算の教育を受ける。昼食後と夕食後に遊ぶのを許された。彼らが行った仕事は、羊毛・麻・亜麻の紡績、靴作り、服の仕立て、編み物などであるが、大部分の子供は羊毛を紡いでいる。こうした教育と訓練を行うため、一七〇三年までに一五人の教師が雇われた。また組合は子供たちに徒弟先を世話している。だがたいていの徒弟先は、臨時雇いや粗雑な仕事であった。一方、「番人側」に収容された浮浪者たちには、麻叩き、まいはだ作りなどの強制労働が課された。彼らはたいてい数日間収容されるだけであり、一週間以上の監禁は稀であった。従ってそれは、懲罰的性格のものであったことが明らかである。

救貧組合の活動は、各教区から徴収される救貧税によって主に成り立っていて、ワークハウスで作られる商品の販売からの収益はわずかであった。そしてその多大の出費に対する教区からの批判が常にあり、それで一七一三年には教区が養育費を支払わねばならない子供は収容しないことになり、このワークハウスには成人の浮浪者などと、寄付金を支払った者が依頼する子供だけが収容されることになった。従って、この施設はワークハウスというよりも、矯正院に同化していったと考えるべきであろう。

一七二〇年代以降になると、救貧組合の活動とは別に、ロンドンの各地にワークハウスが設立されていく。これは救貧税に苦しむ教区が、その負担の軽減策として、ワークハウスを通しての貧民政策を試みたものと思われる。一七二五年の時点において、ロンドンとウェストミンスターには、慈善学校の形態を取るものも含めて、一二のワークハウスが存在した。[8] こうしたワークハウスには子供たちも収容されているが、貧民の子供の教育に関しては、慈善学校が徐々にその重要性を増していく。

貧民の子供を対象にした無料の慈善学校設立の動きは、一六九八年に創立された「キリスト教知識普及教会」S. P. C. K. の活動に負うところが大きい。だがS. P. C. K. はそうした慈善学校を管理・統轄したわけではなく、各教区に慈善学校の設立を促し、その運営方法などに助言を与える中央の連絡機関としての性格が強い(9)。

ほとんどの慈善学校は、生徒が通学する形態を取っているが、生徒を宿泊させ、扶養したところもある。教育の内容は、読み・書き・計算とカテキズムが中心であるが、職業訓練を施した学校もある。特に女子に対しては、裁縫や編み物の技術教育が好まれた。総じてその教育の原理は、貧民の子供たちに服従・謙遜・勤勉を教え、男子は徒弟に、女子はサーヴァントに、それぞれ適するように意図されていて(10)、「国家の良きサーヴァントに」という考え方は変っていない。そしてこうした慈善学校のほとんどは、教区民の自発的な寄付によって営まれていた。

例えば、ウェストミンスターのセント・マーガレット教区では、一六九五年にグレイ・コート・スクールが六人の商人により設立され、男女それぞれ四〇人ずつの貧民の子供たちが、グレーの制服を着て教育を受けた。彼らはその地区の貧民街から集められた「最も悪い」子供たちなので(11)、「良き規律と適切なる従順さと服従のもとに保たれることが絶対に必要」であった。授業は夏期は午前六時から一一時までと午後一時から六時まで、冬期は午前八時から一一時までと午後一時から四時までであるが、このほかにも、カテキズムが行われる毎日の祈りと、日曜の教会出席が義務付けられた(12)。一七〇一年には古いワークハウスを改造して、生徒を宿泊させて教育するグレイ・コート・ホスピタルに生まれ変る。子供たちを両親の悪影響から守り、規則正しく出席させるために、寄宿制を取る必要性が痛感されたからである(13)。

グレイ・コート・ホスピタルは比較的大きな慈善学校であり、一七〇五年の時点で、男子生徒が六二人、女子が四三人であった。ロンドン全体では平均生徒数は約四〇人であり、一七〇五年の時点で五六の慈善学校が存在し、全生徒数は二二〇〇人以上である。[14] これが一七一八年には一二七校、全生徒数が五一〇〇人以上に増えている。[15] ロンドンにおける慈善学校設立の動きは一七三〇年代まで続き、すべての教区に慈善学校が設立されている。

二、ルーアン

一七世紀半ばのルーアンの貧民政策において、貧民の女子を閉じ込める政策が実施された。それは一六四五年一二月一七日の市条例に見ることができる。

貧民の検察官が貧民局に指摘したことによると、学校に通っている貧民の女子の母親は、たいてい物乞いするのに彼女たちを連れて行くため、彼女たちは時間を無駄に過ごしている。またこのことは彼女たちに、怠惰になるという悪い習慣を身に付けさせ、何もすることを望まないようにしてしまうのである。……当該委員たちは次のことを決定した。今度の復活祭から以降、前記の学校に通っている女子、里親から戻される女子、局から施しを受けている者の女子で、六、七歳以上の者は、局の所有するマレクリーの家屋と囲い地において、局の費用で閉じ込められ、教育、扶養、維持されるものとする。その施設は努めて貧民を閉じ込めるために、わざわざ建てられたものである。(16)

そしてこの市条例の翌年には、閉じ込められる少女たちについての規則が定められていて、彼女たちの一日の食事のメニューとその量、あるいは寝台の大きさまで決められている。また彼女たちが一七、八歳になって、委員たちによって施設から出ることが認められた時、彼女たちにはそれまでに働いた分の三分の一が支払われることが定められている。(17)従って、その施設内で彼女たちが労働をしていたことが分かる。このようにルーアンの場合、貧民の閉じ込めが女子から始まっているが、この後、一六五四年には同様に男子を閉じ込める決議が成されている。

……貧民の子供は、男子も女子も、局の土地と財産であるマレクリーの貧民の家屋と敷地のなかに閉じ込められること。それは、彼らがそこでローマカトリック教とその信仰心を教えられ、また読み書きを教えられ、さらに彼らに教える手仕事に彼らが雇用されるためである。(18)

そしてこれに加えて、物乞い者や浮浪者の退去命令が出され、また各教区が貧民のリストを作成するように命じられている。また、閉じ込められる子供は八歳以上の子供であることが別のところに記載されている。(19)ここに見られるマレクリーの施設は、後に一般施療院に発展するわけであり、その母体を成すものであった。また貧民局もここに設置されていた。こうした閉じ込めの企ては、貧民の子供に対する人々の強い関心を反映しているように思われる。そしてその関心は当然、慈善学校の方にも表明されることになる。この四年後の一六五八年には、貧民の子供たちの教育のために、無料の慈善学校がルーアンの二つの地区においてそれぞれ創設されることになり、施療院の要人であったアドリアン・ニエル Adrien Nyel がその管理を任されることになった。その学校の教師には局から賃金が支払われるので、教師たちは「教育を受ける貧民の親からいかなる物も受け取らない」ように決められている。[20] ニエルはこの後一六六八年頃には、ルーアンの四つの地区にある四つの慈善学校を監督するようになっていた。[21]

一六七〇年代になると、一般施療院の財源不足が深刻になり、そのことに関する史料がたびたび登場する。一六七五年のいくつかの史料には、戦争によって貧困家庭が増加していること、また物乞いが黙認され、貧民の閉じ込めを命じた規則が実施されていないことが語られている。貧民の閉じ込めは、前述のように、子供の閉じ込めがすでに定められていたのであるが、ここでは子供に限定して言及されていないので、その後、成人の閉じ込めも取り決められたものと考えられる。そして改めてそれが命じられ、貧民を閉じ込めることは「キリスト教の慈善に背く罪では決してなく、反対にまさしく神の栄光、公共の福祉、真の貧民の苦痛の軽減を目的とした、非常に敬虔な計画である」と語られている。[22] そして財源不足に対しては、ルーアン市に入って来る様々な肉類に課税することによって、それを補おうとする試みが成された。[23]

このように一般施療院を存続させる努力が行われたが、ルーアンの一般施療院はそもそもマレクリーの貧民の施設が原型となり、それが一六六〇年代初頭にはすでに一般施療院という名称で呼ばれていた。しかしこの段階ではまだ確たる組織ではなかったように思われる。それが完成するのは、一六八一年にルーアン市に一般施療院の建設を命じるルイ一四世の勅令が出されてからのことである。この勅令は序文と三二条に及ぶ規則から成っていて、閉じ込めについての考え方が表明されているので、重要な箇所をいくつか取り上げてみたい。まず序文のなかでこれまでの貧民行政を振り返り、次のように述べられている。

……(貧民局の)行政官たちは、自分たちが取り決め、高等法院によって承認された良き規則により、当市の貧民を在宅扶助してきただけではなく、無秩序の最大の源としての、物乞いと怠惰を妨げるために努力を注いできた。それにもかかわらず、これまでの経験から、かかる偉大な計画を達成するためには、貧民を閉じ込める必要があることが分かり、わが高等法院は様々な裁定を下してきたのだが、とりわけ一六四六年三月六日と一六五四年三月八日の二件のものは、かの行政官たちが信仰心を持った者に貧民を育てるために、また自身の生活費を労働によって稼ぐことを教えるために、施療院の囲い地に彼らを閉じ込めることを許可するものであった。この時以来、その条例は監督官と行政官の絶え間ない配慮によって、成功裏に実施されてきた。(24)

ここに日付の書かれた二件は、前述した貧民の子供の閉じ込めに関するものと思われる。そして序文のこの後には、その後一般施療院が財源不足に陥り、危機に瀕しているのであるが、その必要性から考えて一般施療院を存続させたいという意向が述べられている。そして第一条では、「まず第一に、かの貧民たちの全般的な閉じ込めは、この勅令の公布後直ちに、健常貧民の施療院のために任命される監督官と委員たちによって、絶えず継続されること」[25]とされている。この「健常貧民の施療院」とは一般施療院のことである。そして第二条では、上記の監督官と委員たちの構成が決められていて、続く第三条では、閉じ込めの具体的方法が語られている。

……われわれは以下のことを命じる。一六歳以上の健康な男女で、生活費を稼ぐのに必要な体力を持ちあわせているのに、ルーアンの市内と郊外において物乞いして捕まった者はすべて、男女それぞれのために別々に用意された場所に一五日間、あるいは監督官が適当と判断するさらに長い期間、閉じ込められるものとする。そしてそこにおいて、彼らには生活にどうしても必要な物だけが与えられ、そして彼らの体力が耐え得る、可能な最もつらい労働に雇用される。[26]

ここで明確に、閉じ込められる者が一六歳以上の男女であることが定められていて、主に成人貧民の閉じ込めが中心になっていることが分かる。そして彼らには強制労働が課されるのである。

この期間閉じ込められて解放された後、再度物乞いして捕まった者は三ヶ月間監禁され、その後再び行えば一年間、四度目には終生閉じ込められることが、この後に規定されている。そして二〇歳以上の男性で四度閉じ込められている者が、何らかの手段でそこから出て再び捕まったり、あるいは与えられた仕事をするのを拒む者は、ガレー船送りになること、また女性で同様の場合は、そのために充てられた施設でより厳格に監禁されることが定められている。

また一般市民に対しても、第五条で、物乞いしている者に直接施しを与えることが禁止され、違反者には一〇〇ソルの罰金が科されること、また第七条では、物乞い者や浮浪者を自宅に泊めた者は、初犯で一〇〇リーブルの罰金、二回目には三〇〇リーブルの罰金が科されることが決められている。また第一一条においては、死者の葬儀の際に伝統的に行われていた貧民への施しの配布が禁止され、貧民に施しをしたい者は、貧民局の委員たちや一般施療院の財務官にそれを渡すように定められている。[27] こうした規定のなかには従来の内容の繰り返しもあるが、伝統的な慈善を否定して、「物乞いと怠惰」を取り締まろうとする強い意志を確認することができる。そして貧民行政が、一般施療院を中心にした当局の手に完全に委ねられることが明確化され、民間の干渉が否定されている。

この勅令によって、ルーアンにおける貧民の閉じ込めは一応完成することになる。そしてこの二年後の一六八三年には、一一〇〇人以上の貧民が閉じ込められていた。[28] また一六九七年には一二〇〇人以上が監禁されている。[29] それでもなお、農村からたくさんの貧民たちが市にやって来て物乞いしていること、彼らの人数は日ごとに増える一方であること、またそれゆえ一般施療院の財源が不足していることが、この時期の史料に述べられている。(30)

さて一方、慈善学校をめぐる動きはどのようなものであったのだろうか。一八世紀に入った一七〇五年五月一九日の史料には、パリの慈善学校から二人の教師がルーアンにやって来たことが書かれている。それはルーアンの二つの慈善学校、すなわちサン・マクルーとサン・ゴダールの学校で教えるためであった。彼らは一般施療院に滞在して、そこから教えに行ったのである。(31)また同じ年の八月一一日には、市の慈善学校の一つで教えるため、パリの慈善学校からギヨームなる教師が来訪し、年間三六リーブルの俸給で雇用されたとある。さらに同年の一一月二四日には、市のサン・エロワの慈善学校で貧民の子供を教育するため、同じくパリの慈善学校から派遣されたヨアヒム・プラールが、同じ俸給で雇用されている。(32)ここに登場するパリの慈善学校とは、ジャン・バティスト・ド・ラ・サール Jean-Baptiste de La Salle が創設した「キリスト教学校同胞会」Frères des écoles chrétiennes のことであり、彼ら教師たちはその会員 frère であった。ラ・サールは、前述したルーアンの慈善学校の管理者であるアドリアン・ニエルから影響を受け、貧民の子供の教育に身を捧げた人物であった。ラ・サールはこの二年後の一七〇七年に、ルーアンの一般施療院に対してある提案をし、貧民局はそれに基づいて慈善学校に関する一つの決議を行っている。一七〇七年八月二日に成されたこの決議は、慈善学校の性格を知る上で重要なものを含んでいるので、比較的長く引用してみたい。

……二年ぐらい前からキリスト教学校同胞会の四人の者がこの施療院に入ることを認められ、彼らは市の四つの地区に設立された公共の学校において、貧民の男子を教育するために雇われたのだが、四人の教師は食事を与えられ、施療院において宿泊し、生活費としてそれぞれ年間三六リーブル支給されてきた。彼らは一日に二度施療院からその学校に行って戻って来なければならず、施療院に戻れば、そこに閉じ込められている老齢の貧民に食事を配給する仕事を行っている。四人の人間で、学校にいる非常に多くの貧民を教育することは不可能なので、教師の人数を増やすことによって、また彼らの協会の規則を守るために、市のどこか適当な所に固有の家屋を持つことを彼らに許すことで、それは改善できるであろう。このことのために、ドラサール（ド・ラ・サール）氏は、彼はかの同胞会を設立し、局に受け入れられた教師たちを送り込んだ聖職者であるが、次のことを提案している。すなわち彼は、貧民のかの四つの学校を管理するために毎年一〇人の教師を派遣し、そのうちから各教区にそれぞれ二人ずつ、残りの二人はかの施療院のなかに閉じ込められている貧民の少年の教育にあたる。彼らには固有の家屋において生活するのに適当と判断される俸給を支払う。

この提案を協議し、次のことが決定された。ドラサール氏は自身の協会から毎年一〇人の教師を派遣すること。彼らは市の適当な家屋において共同で、食事、宿泊、生活を行うことが可能である。彼らのうち八人は、毎日市の貧民の少年の教育にあたり、彼らに読み書きとキリスト教の原理を教える。すなわち、サン・ゴダールの学校に二人、サン・エロワの学校に二人、サン・マクルーの学校に二人、サン・ヴィヴィアンに二人である。それらはこの目的のために定められた市の四つの地区であるが、彼らはそれらの学校に市内と近郊の貧民の子供だけを受け入れることができる。……学校は常に施療院に従属し、わが監督官たちの指揮に従い、監督官たちはいつでも学校を訪問することができるものとする。学校の椅子と机の配備、並びにその修理は、施療院によって行われる。残りの二人の教師は毎日その施療院に行き、そこに閉じ込められている貧民の少年に、読み書きを教え、キリスト教の原理を教え、神への祈りを教える。これを彼らは朝の八時から一一時までと、午後二時から五時まで行う。これに対して、施療院は彼らに食事を出す必要はない。また、特別の儀式のない毎日曜日に、そこに閉じ込められている老人の貧民と青年にカテキズムを行わねばならない。(33)……

ここに述べられている施療院とは一般施療院のことである。そして一般施療院は、毎年彼らに六〇〇リーブル支払うことがこの後に取り決められている。ここにおいて明白に語られているように、ルーアンの慈善学校はその運営面においても、また財政面においても、完全に一般施療院の従属下にあったことがはっきりと理解されるのである。両者の緊密な関係は、さらに次の事実によっても確認することができる。つまり慈善学校の教師は、引退すると一般施療院のなかでその余生を送ることができたのであり、一般施療院が彼ら教師たちの老後の受け入れ施設になったのである。(34)まさに「ルーアンのシステムは、都市の民衆学校(慈善学校)と一般施療院との間の緊密な絆を確立した」のである。[35]

ルーアンの慈善学校は、おそらく他のフランス諸都市よりも比較的早く、一六世紀半ばにはすでに設立されていたが、貧民の閉じ込めの実践がそうした慈善学校を包摂し、それを内部に組込んでいったわけである。「物乞いと怠惰」を取り締まる長年にわたる闘いは、一般施療院と慈善学校の相補的機構に結実したと言える。

三、様々な矯正施設

ロンドンの救貧組合という初期ワークハウスとルーアンの一般施療院については、その収容者の詳しい様相がつかめていない。従って、上記のことは概略に過ぎないが、それでもルーアンの一般施療院がブライドウェルや矯正院 House of Correction に近いことが理解できよう。なぜなら一般施療院の施設内で行われている労働が、懲罰的性格であったことが史料から読み取れるからである。ワークハウスは、少なくとも、収容者の労働に価値を見出すような経済的な思想や、あるいは収容者を勤勉へと導く教育的な思想を持っていたはずである。ブライドウェルや矯正院、また一般施療院は、収容者に懲罰的労働を課すことによって、都市から「怠惰な者」を排除していくことを「直接的には」標榜していたのである。もっとも、前述のように、ブライドウェルには「怠惰」の排除を通して、民衆を統治していく機能があったわけだが。このように考えると、初期の意図から離れ、ほとんど「番人側」のみとなっていくロンドンの救貧組合は、そのワークハウスとしての独自性を失い、矯正院と見分けのつかないものへと変っていった。果たしてこのことは、他のワークハウス全体の未来を予見させるものであったのだろうか。

ところで、フランスでは一七世紀半ば以降、多くの都市に一般施療院が創設されていくが、そうした動きは聖体協会 La Compagnie du Saint-Sacrement の活躍に負うところが大きい。聖体協会は一六二〇年代に対抗宗教改革の動きのなかで設立されたカトリックの強力な秘密結社で、フランス全土に会員を有していた。彼らの信条は、プロテスタントや道徳的秩序に反する者たちの撲滅であった。彼らは貧民を社会悪として標的にし、一般施療院に貧民を閉じ込める政策を推し進めたのである。(36)

貧民の「閉じ込め」は、このようにカトリック世界においても行われたので、カルヴァン主義(イギリスではピューリタニズム)にそれを帰すことはできない。カトリックの人々が浮浪者や怠惰な者に対する批判を強めたことは、プロテスタントと同様であった。だから、ブライドウェルもその理事のなかにピューリタンがいたとしても、ブライドウェルの活動をピューリタニズムの動きとして位置付けることには賛成できない。それはカトリックのメアリー一世が設置を承認したという事実からだけではなく、ブライドウェルがもっぱら世俗の都市行政機構の一つとして活動していたからである。それはロンドン市の貧民行政のなかに位置付けられ、宗教との関係を公的には持たない世俗施設であった。もちろんその施設のなかに、聖職者が常時滞在していたわけではないし、聖職者が時々訪問して収容者に説教を行ったという記録もない。

フーコーの言う「大いなる閉じ込め」は、「非理性」の者たちの大規模な監禁の事実であったが、前述のように、そこには精神病患者も含まれていた。ロンドンの精神病患者は、ベドラム（ベスレヘム・ホスピタル）に収容されていたが、ベドラムは一五五七年以後、ブライドウェルと同じ理事のもとに運営された精神病院であった。それは言わばブライドウェルと兄弟の関係にあったが、貧民対策用にシステム化されたロンドンの五つのホスピタルの一つであった。精神病患者の収容が貧民政策の一部を成した事実は、われわれにとっては奇異にも思えるが、彼らも伝統的に貧民救済・慈善の対象だったのであり、そのために「閉じ込め」の実践に包摂されたのである。

一六世紀半ば以降のヨーロッパ世界には、ドイツの矯正院 Zuchthaus も含めて、様々な矯正施設・監禁施設が創設された。そしてそこには浮浪者を中心とした怠惰な貧民たちが閉じ込められたのである。ハンブルクの矯正院の入り口には、「労働によってわたしは自分を養い、労働によってわたしは罰せられる」という標語が掲げてあったが[37]、まさしくそうした施設においては、懲罰としての労働が課されたのである。怠惰に対する闘いは、ヨーロッパの多くの国家や都市において、労働を伴う矯正施設という形に収斂されていった。

こうした矯正施設の多くは、慈善学校と密接に関わっていたわけであり、両者は相補的な関係にあった。つまり矯正施設は主として成人の浮浪者などを懲罰的に「矯正」することで、施設外の浮浪者の排除・撲滅を目指し、慈善学校は貧民の子供が浮浪者になることを予防する役割を果たすことで、矯正施設の機能を補完していたのである。そしてやがて近代的な学校制度が成立していく過程で、また近代的な工場が貧民の労働者を吸収していく過程で、矯正施設はその役割を終えて消滅していくのである。われわれの世界には、もはやこうした施設は存在していない。

*　　　＊　　　＊

ベドラムは現在も精神病院として運営されている。ケント州にあるベスレム・ホスピタルである。そこには博物館が付属していて、ベドラムの研究者であるパトリシア・オールダリッジさんが愛犬と一緒に管理されている。ブライドウェルの「法廷記録」全巻のマイクロフィルムがここに収められていて、それを参照に行ったのだが、親切に応待していただいた。わたしはブライドウェルの古き研究者である、O'Donoghue という名の発音が長い間分からなかったのだが、オールダリッジさんに正直に尋ねてみて、それが「オウドノヒュー」という音になることを初めて知った。

オードノヒューは『ブライドウェル・ホスピタル』というタイトルの二巻本の書物を著している。かつてわたしは、この書を物語風の歴史書だと批判めいた形で書いたことがあった。でも、ブライドウェルについては、おそらくオードノヒュー氏が最も良く知っていたはずであり、今でも敬意を抱いている。ただ、わたしなどとは問題意識が異なっていたので、史料の読み方も違ってくるし、ブライドウェルの描き方自体が違ってくるのである。

ブライドウェルの「法廷記録」は、まだ世界で数名の研究者しか実際には研究していない。わたし自身は、そこからこの施設の「開放性」を明らかにして、民衆統治という大きな問題のなかに位置付けてみたいと思っている。だが、この史料はほかの用いられ方も可能であって、やろうと思えばいろいろなことを導き出せるに違いない。

「貧民学」の小冊子群については、ほんの一部しか取り上げられなかったが、貧民問題をめぐる当時の人々の考え方の一端を示して、また一六世紀との観念上の変化を抽出することを意図したものであった。イギリス近世の貧民観は、「聖なる貧民」から「危険な貧民」へ、そして「儲けの対象としての貧民」あるいは「国富の源泉としての貧民」へと大きく、また劇的に変化していった。それを別の表現で言い換えるなら、それぞれの観念を抱く側の立場が、「宗教」から「治安」へ、そして「経済」へと変遷していったということである。そして最後の貧民観は、ワークハウスと結びついたものであった。われわれはワークハウスの思想を知れば知るほど、その実際の姿を究明したくなるわけであり、ワークハウスの実証研究が今後の課題であることは明白となってくる。特に、ワークハウスと矯正院との違いをはっきりさせなければならない。

こうしてわたし自身にとっては、振り出しに戻ったことになる。なぜなら、一〇年以上も前にイギリスに向かったのは、ワークハウスの研究を手がけるためであったから。長い年月を経て、自分の部屋に眠っているワークハウスのマイクロフィルムに、やっと光を通すべき日がやってきた気がする。

【註】

まえがき

(1) ミシェル・フーコー著、田村俶訳『監獄の誕生』新潮社、一九七七年。

第一章

(1) A. L. Beier, *Masterless Men*, Methuen, 1985, pp. 96ff., A・L・バイアー著、佐藤清隆訳『浮浪者たちの世界』同文舘出版、一九九七年、一七三頁以下。

(2) 近世ヨーロッパの貧民問題に関しては、J-P. Gutton, *La société et les pauvres en Europe, XVIe–XVIIIe siècles*, PUF., 1974; C. Lis and H. Soly, *Poverty and Capitalism in Pre-Industrial Europe*, Harvester Press, 1982; B. Geremek, *La potence ou la pitié*, Gallimard, 1987, ブロニスワフ・ゲレメク著、早坂真理訳『憐れみと縛り首』平凡社、一九九三年; Robert Jütte, *Poverty and Deviance in Early Modern Europe*, Cambridge UP., 1994. などを参照。

(3) C. Lis and H. Soly, *op. cit.*, pp. 84ff.; J-P. Gutton, *op. cit.*, pp. 102–103; B. Geremek, *Truands et Misérables dans l'Europe moderne, 1350–1600*, Gallimard, 1980, p. 148.

(4) C. Lis and H. Soly, *op. cit.*, p. 85.

(5) M. Mollat, *Les Pauvres au Moyen Age*, Hachette, 1978, p. 141.

(6) *Ibid.*, p. 280.

(7) *Ibid.*, p. 312.

(8) *Ibid.*, pp. 316–319.

(9) B. Geremek, *La potence ou la pitié*, pp. 51–52, 邦訳、五七頁。

(10) *Ibid.*, p. 54, 邦訳、五九頁。

(11) *Ibid.*, p. 25, 邦訳、三一頁。

(12) *Ibid.*, pp. 39–42, 邦訳、四六―四八頁。

(13) *Ibid.*, pp. 64–66, 邦訳、七〇―七二頁。

(14) B. Geremek, *Truands et Misérables*, pp. 148–149.

(15) *Ibid.*, pp. 149–151.

(16) G. Panel, *Documents concernant les pauvres de Rouen*, Tome 1, Rouen, 1917, p. 11.

(17) *Ibid.*, pp. 14–15.

(18) *Ibid.*, pp. 16–17.

(19) *Ibid.*, p. 20.
(20) *Ibid.*, pp. 20-23, 27.
(21) *Ibid.*, pp. 50-52.
(22) *Ibid.*, p. 77.
(23) *Ibid.*, p. 89.
(24) *Ibid.*, pp. 85ff.
(25) *Ibid.*, pp. 87-88.
(26) *Ibid.*, p. 102.
(27) *Ibid.*, pp. 120-121.
(28) *Ibid.*, p. 143.
(29) イギリス近世の貧民問題に関しては、E. M. Leonard, *The Early History of English Poor Relief*, (1900), Frank Cass, repr. 1965; M. James, *Social Problems and Policy during the Puritan Revolution, 1640-1660*, London, 1930; W. K. Jordan, *The Charities of London 1480-1660*, (1960), Archon Books, repr. 1974; A. L. Beier, *op. cit.*; J. Pound, *Poverty and Vagrancy in Tudor England*, Longman, 1986; P. Slack, *Poverty and Policy in Tudor and Stuart England*, Longman, 1988, などを参照。
(30) J. Pound, *op. cit.*, p. 6.
(31) *Ibid.*, pp. 20-21.
(32) A. L. Beier and R. Finlay, eds., *London 1500-1700, The making of the metropolis*, Longman, 1986, p. 39, 川北稔訳『メトロポリス・ロンドンの成立』三嶺書房、一九九二年、五三頁。
(33) P. Slack, *op. cit.*, p. 47.
(34) *Ibid.*, p. 72.
(35) A. L. Beier, *The Problem of the Poor in Tudor and Early Stuart England*, Methuen, 1983, p. 32.
(36) A. L. Beier, *Masterless Men*, p. 39, 邦訳、七四頁。
(37) *Ibid.*, p. 41, 邦訳、七六頁。
(38) William Harrison, *The Description of England*, (1587), repr., Dover, 1994, p. 183.
(39) A. L. Beier, *Masterless Men*, p. 5, 邦訳、一四—一五頁。
(40) P. Slack, *op. cit.*, pp. 115-116.
(41) C. Lis and H. Soly, *op. cit.*, p. 86.

第二章

(1) ブライドウェル矯正院 Bridewell Hospital に

関しては、拙稿「一六世紀中葉のブライドウェル・ホスピタル―その法廷記録（一五五九―一五六二年）に基づいて―」『西洋史学』一六七号、一九九二年一二月、同「ブライドウェル矯正院の内と外―一六世紀後半のロンドンにおける道徳の取締り―」『史林』七七巻五号、一九九四年九月、同『エリザベス朝時代の犯罪者たち―ロンドン・ブライドウェル矯正院の記録から―』嵯峨野書院、一九九八年五月、などを参照。

（2）ブライドウェル設立の経緯については、E. G. O'Donoghue, *Bridewell Hospital*, Vol. 1, John Lane, 1923, chap. XV.; A. J. Copeland, *Bridewell Royal Hospital*, London, 1888, chap. III. などを参照。

（3）*Bridewell Hospital Court Books*, vols. 1-10, 1559-1659, Guildhall Library, MF. 510-515.

（4）The Declaration of the humble Suit made to the King's Majesty's most honourable Council, by the Citizens of London, 1552, in Thomas Bowen, *Extracts from the Records and Court Books of Bridewell Hospital*, London, 1798, Appendix, no. II, p. 3.

（5）*Ordinances and Rules for the Government of the House of Bridewell*, 1552, British Library, Sloane MS. 2722, fol. 1a.

（6）*Ibid*., fol. 2b.

（7）*Ibid*., fol. 1b.

（8）拙稿「ブライドウェル矯正院の内と外」一一〇―一一三頁、同『エリザベス朝時代の犯罪者たち』二四〇頁。

（9）越智武臣『近代英国の起源』ミネルヴァ書房、一九六六年、川北稔『工業化の歴史的前提』岩波書店、一九八三年。

（10）Poor Law は後述のように、労働が可能でない貧民に対する救済法令であるとともに、浮浪者に対する抑圧的法令でもあったので、文字通り「貧民法」と訳すべきであるが、わが国においては伝統的に「救貧法」と訳されてきた。

（11）G. Nicholls, *A History of English Poor Law*, Vol. 1, (1854), Frank Cass, repr., 1967, p. 115.

（12）*Ibid*., pp. 116-117; A. L. Beier, *Masterless Men*, Methuen, 1985, p. 9, 佐藤清隆訳『浮浪者た

ちの世界』同文舘出版、一九九七年、二五頁。
(13) G. Nicholls, *op. cit.*, pp. 115-116.
(14) A. L. Beier, *Masterless Men*, p. 9, 邦訳、二四頁。
(15) G. Nicholls, *op. cit.*, pp. 129-130.
(16) *Ibid.*, p. 97, なお、一五〇三年法においては処罰が幾分緩和され、一日一晩晒台に固定するとなっている。*Ibid.*, p. 104.
(17) *Ibid.*, p. 97.
(18) G. Nicholls, *op. cit.*; P. Slack, *The English Poor Law 1531-1782*, Macmillan, 1990; 拙稿「近世ロンドンにおける貧民政策の展開」『関学西洋史論集』二〇号、一九九五年八月、などを参照。
(19) 聖職者特権とは、文字を読む能力がある初犯の重罪人に対して死刑を免除する制度のことを言う。だが、初犯の印として焼き印を押され、再犯者は絞首刑となった。当時の識字率の低さにもかかわらず、聖職者特権を付与される割合は三分の一程度であったと考えられている。J. A. Sharpe, *Judicial Punishment in England*, Faber & Faber, 1990, pp. 23, 41.
(20) G. Nicholls, *op. cit.*, pp. 167-168.
(21) *Ibid.*, p. 183.
(22) 前掲拙稿のうち、特に『エリザベス朝時代の犯罪者たち』を参照。
(23) 本書第三章参照。
(24) 「年度」とは、当時の暦法に従い、三月二五日から翌年の三月二四日までを指している。
(25) ( ) 内は引用者による補足。以下同様。
(26) 「法廷記録」第一巻からの引用記事の典拠は、記事のフォリオに打たれた数字を用い、表をa、裏をbとして〈 〉内に示すこととする。
(27) 他の三つは、Christ's Hospital, St. Thomas's Hospital, St. Bartholomew's Hospital である。
(28) 一五六九年の時点では、それぞれのホスピタルに四人ずつ、合計一六人に増やされている。拙稿「一六世紀中葉のブライドウェル・ホスピタル」四二頁。
(29) fols. 31a, 73b, 98b, 137b, 147a.
(30) J. Innes, "Prisons for the poor: English bridewells, 1555-1800," in F. Snyder and D. Hay, eds., *Labour, Law and Crime*, Tavistock, 1987.
(31) J-P. Gutton, *La société et les pauvres en Europe, XVIe - XVIIIe siècles*, PUF., 1974, p. 135; B. Geremek, *La potence ou la pitié*, Gallimard,

1987, p. 278, 早坂真理訳『憐れみと縛り首』平凡社、一九九三年、三〇二頁。

第三章

（1）P. Griffiths, "Overlapping circles: imagining criminal communities in London, 1545-1645", in A. Shepard and P. Withington, eds., *Communities in early modern England*, Manchester UP., 2000, p. 118.

（2）*Ibid*., p. 116.

（3）ミシェル・フーコー著、田村俶訳『監獄の誕生』新潮社、一九七七年。

（4）C. Harding, et al., *Imprisonment in England and Wales*, Croom Helm, 1985, pp. 3-14.

（5）例えば、イギリス都市・農村共同体研究会編『巨大都市ロンドンの勃興』刀水書房、一九九九年、参照。

（6）P. Clark and P. Slack, eds., *Crisis and Order in English Towns 1500-1700*, London, 1972; P. Clark and P. Slack, *English Towns in Transition 1500-1700*, Oxford, 1976, 酒田利夫訳『変貌するイングランド都市』三嶺書房、一九九〇年; A. L. Beier, *Masterless Men*, Methuen, 1985, 佐藤清隆訳『浮浪者たちの世界』同文舘出版、一九九七年。

（7）F. F. Foster, *The Politics of Stability*, London, 1977; V. Pearl, "Change and Stability in Seventeenth-Century London", *London Journal*, 5, 1979; J. P. Boulton, *Neighbourhood and Society*, Cambridge, 1987; S. Rappaport, *Worlds within Worlds*, Cambridge, 1989.

（8）これを紹介した邦語文献は、中野忠「イギリス近世都市の危機と安定」『大阪学院大学経済論集』第六巻第一号、一九九二年八月、菅原秀二「近世ロンドン史における『安定』をめぐって」『札幌学院大学人文学会紀要』第五五号、一九九四年、宮川剛「近世ロンドンの教区」『史林』第八〇巻第四号、一九九七年七月。

（9）I. W. Archer, *The Pursuit of Stability*, Cambridge UP., 1991.

（10）E. M. Leonard, *The Early History of English Poor Relief*, (1900), Frank Cass, repr. 1965, pp. 30ff.; P. Slack, *Poverty and Policy in Tudor and Stuart England*, Longman, 1988, pp. 119ff.; 拙稿

「近世ロンドンにおける貧民政策の展開」『関学西洋史論集』二〇号、一九九五年八月。
(11) St. Thomas's Hospital と St. Bartholomew's Hospital
(12) Christ's Hospital
(13) Bridewell Hospital
(14) Bethlehem Hospital
(15) *Ordinances and Rules for the Government of the House of Bridewell*, 1552, British Library, Sloane MS. 2722, fol. 1a-b.
(16) *Ibid*., fols. 2b-3a.
(17) I. W. Archer, *op. cit*., pp. 253-254.
(18) 「法廷記録」に用いられている暦は、三月二五日に新年に変わる当時の暦法に基づいているので、現在の暦から見て修正が必要な場合は（ ）内にその年を記すことにする。
(19) 拙稿「一六世紀中葉のブライドウェル・ホスピタル—その法廷記録（一五五九—一五六二年）に基づいて—」『西洋史学』一六七号、一九九二年一二月、五一頁。
(20) ［ ］内は、記事の余白に後に書かれたものである。
(21) 連行の経緯を記したり記さない記事が存在する理由は、ブライドウェルの書記官による「法廷記録」の記載形式が一定していなかったためである。特に「法廷記録」第一巻の前半部は記載が比較的少ない。だが、例えば外部の者による連行のみを記載するなどの偏りはない。
(22) 区には、その規範を維持するための裁判機構として区法廷が存在し、査問委員はその役人である。ロンドンの行政機構については、坂巻清『イギリス・ギルド崩壊史の研究』有斐閣、一九八七年。
(23) 拙著『エリザベス朝時代の犯罪者たち』嵯峨野書院、一九九八年、一五八—一五九頁。
(24) この点は以下の分類でも同様である。

第四章

(1) P. Slack, *Poverty and Policy in Tudor and Stuart England*, Longman, 1988, p. 39.
(2) *Ibid*., p. 72.
(3) A. L. Beier, *Masterless Men*, Methuen, 1985, p. 14, 佐藤清隆訳『浮浪者たちの世界』同文舘出版、一

九九七年、三一頁。
(4) *Ibid.*, p. 15, 邦訳、三二―三三頁。
(5) M. James, *Social Problems and Policy during the Puritan Revolution, 1640-1660*, London, 1930, p. 246.
(6) R. Younge, *The Poores Advocate, The Second Part*, 1654, pp. 9-10.
(7) 小山路男『西洋社会事業史論』光生館、一九七八年、第Ⅳ章、参照。
(8) P. Slack, *op. cit.*, p. 23.
(9) J. R., *Proposals in behalfe of the Poore of this Nation*, 1653, pp. 2-3.
(10) Henry Arthington, *Provision for the Poore, now in Penurie, out of the storehouse of God's plentie*, 1597, B2 裏-B3.（ページの下に付された記号によって典拠を示すことにする。）
(11) *Ibid.*, B3.
(12) M. James, *op. cit.*, p. 273.
(13) M. S., *The Poore Orphans Court, or Orphans Cry*, 1636.
(14) *Ibid.*, B.
(15) エリザベス「救貧法」の完成と言われる一五九八年法と一六〇一年法によって、物乞いは全面的に禁止された。
(16) M. S., *op. cit.*, B 裏
(17) *Ibid.*, B2.
(18) *Ibid.*, B3-B3 裏
(19) *Ibid.*, B3 裏
(20) M. James, *op. cit.*, p. 250.
(21) T. L., *An Appeal to the Parliament concerning the Poor*, 1660.（T. L. はThomas Lawson）
(22) *Ibid.*, pp. 2-3.
(23) *Ibid.*, p. 4.
(24) P. Cornelis-son, *A Way propounded to make the poor in these and other Nations happy, by bringing together a fit, sutable, and well-qualified People into one Houshold-government, or little Common-wealth, wherein every one may keep his propriety, and be imployed in some work or other, as he shall be fit, without being oppressed. Being the way not only to rid these and other Nations from idle, evil, and disorderly persons, but also*

from all such as have sought and found out many Inventions, to live-upon the labour of others. ……, 1659.

(25) *Ibid.*, p. 3.

(26) *Ibid.*, p. 4.

(27) *Ibid.*, pp. 4-5.

(28) *Ibid.*, p. 9.

(29) *Ibid.*, p. 10.

(30) G. Winstanly, et al., *A Declaration from the Poor oppressed People of England, directed to all that call themselves, or are called Lords of Manors, through this Nation; That have begun to cut, or that through fear and covetousness, do intend to cut down the Woods and Trees that grow upon the Commons and Waste Land*, 1649.

(31) 例えば、大西晴樹『イギリス革命のセクト運動』御茶の水書房、一九九五年、菅原秀二「クロムウェルとウィンスタンリー―コモンウェルスの形成に向けて―」田村秀夫編著『クロムウェルとイギリス革命』聖学院大学出版会、一九九九年、所収。

(32) G. Winstanly, et al., *op. cit.*, (p. 1).（この小冊子にはページ番号が一切付されていないため、本文の最初のページを一ページとして仮に示すことにする。）

(33) *Ibid.*, (p. 2).

(34) *Ibid.*, (p. 3).

(35) *Ibid.*, (p. 4).

(36) *Ibid.*, (p. 3).

(37) *Ibid.*, (p. 4).

(38) C. Hill, *The World Turned Upside Down*, Penguin Books, 1975, pp. 124ff.

第五章

(1) 小山路男『西洋社会事業史論』光生館、一九七八年、芳賀守『イギリス革命期の社会・経済思想』第三出版、一九八〇年。

(2) Richard Haines, *The Prevention of Poverty: or, A Discourse of the Causes of the Decay of Trade, Fall of Lands, and Want of Money throughout the Nation; with certain Expedients for remedying the same, and bringing this Kingdom to an eminent degree of Riches and Prosperity:*

By Saving many Hundred Thousand Pounds yearly, Raising a full Trade, and constant Imployment for all sorts of People, and increasing His Majesties Revenue, by a Method no way burthensome, but advantagious to the Subject, 1674.

(3) *Ibid*., p. 1.

(4) *Ibid*., p. 2.

(5) *Ibid*., p. 4.

(6) *Ibid*., pp. 5-7.

(7) *Ibid*., pp. 5-6.

(8) *Ibid*., pp. 7-8.

(9) *Ibid*., pp. 13-14.

(10) *Ibid*., pp. 15-16.

(11) *Ibid*., p. 18.

(12) Richard Haines, *Proposals for Building in every County A Working-Alms-House or Hospital; As the Best Expedient to perfect the Trade and Manufactory of Linnen-Cloth*, 1677.

(13) *Ibid*., postscript, p. 9.

(14) *Ibid*., pp. 1-2.

(15) *Ibid*., pp. 2-3.

(16) 一エルは四五インチ。

(17) *Proposals for Building* ……, p. 3.

(18) *Ibid*., p. 4.

(19) *Ibid*., p. 5.

(20) *Ibid*., p. 7.

(21) *Ibid*., pp. 5-6.

(22) *Ibid*., pp. 7-8.

(23) *Ibid*., p. 8.

(24) Richard Haines, *Provision for the Poor: or, Reasons for the Erecting of a Working-Hospital in every County*. ……, 1678, p. 7.

(25) *Ibid*., p. 8.

(26) 拙稿「西洋近代における『貧民の監獄』―イングランドを中心に―」『文化史学』第五二号、一九九六年一一月、拙著『エリザベス朝時代の犯罪者たち―ロンドン・ブライドウェル矯正院の記録から―』嵯峨野書院、一九九八年、第六章。

(27) Richard Haines, *A Model of Government for the Good of the Poor, and the Wealth of the Nation*. ……, 1678, p. 2.

(28) *Ibid*., pp. 3-5.

(29) *Ibid*., pp. 5-6.

(30) *Ibid*., p. 7.

(31) Richard Haines, *A Breviat of some Proposals prepared to be offered to the Great Wisdom of the Nation, The King's most Excellent Majesty, and Both Houses of Parliament, for the speedy Restoring the Woollen Manufacture, by a Method practised in other Nations.* ……, 1679, pp. 1-3.

(32) *Ibid*., p. 6.

(33) M. James, *Social Problems and Policy during the Puritan Revolution, 1640-1660*, London, 1930, p. 282.

(34) *A Breviat of some Proposals* ……, p. 2.

(35) Richard Haines, *England's Weal & Prosperity proposed: or, Reasons for Erecting Publick Work=Houses in every County, For the speedy promoting of Industry and the Woollen Manufactory, shewing how the Wealth of the Nation may be encreased, many Hundred thousand pounds per Annum. And also that many Thousand persons may be so Reformed, to their own and the whole Kingdoms present and future Wealth and Glory, that there may no more be a Begger bred up in the Nation.* ……, 1681.

(36) *Ibid*., p. 4.

(37) *Ibid*., pp. 4-12.

(38) Richard Haines, *A Method of Government for such Publick Working Alms-Houses as may be Erected in every County for bringing all idle hands to Industry. As the best known Expedient for restoring and advancing the Woollen Manufacture* …….

(39) D. Defoe, *Giving Alms no Charity, and Employing the Poor A grievance to the Nation, Being an Essay upon this Great Question,* ……, 1704. デフォーによると，ワークハウスは貧民を増加させるだけのものだ，ということになる。つまりワークハウスでの貧民の雇用は，従来の生産者にとっては破滅的なものであり，勤勉な家族から仕事やパンを取り上げ，それを浮浪者や泥棒，物乞い者に与える試みである。かくしてそれは貧民を救済するのではなく，貧民の数を増加させ，善良な者を飢えさせるものである、との批判である。*Ibid.*, p. 23 and passim.

(40) 小山路男、前掲書、第V章、参照。

第六章

(1) 一七世紀半ばにおけるロンドンの救貧行政については、菅原秀二「イギリス革命期ウェストミンスターにおける教区政治をめぐって―セント・マーティン教区の救貧行政を中心に―」イギリス都市・農村共同体研究会編『巨大都市ロンドンの勃興』刀水書房、一九九九年、第八章、も参照。

(2) ミシェル・フーコー著、田村俶訳『狂気の歴史』新潮社、一九七五年。

(3) フィリップ・アリエス著、杉山光信・杉山恵美子訳『〈子供〉の誕生』みすず書房、一九八〇年、二八八頁。

(4) この救貧組合については、V. Pearl, "Puritans and Poor Relief, The London Workhouse, 1649–1660", in D. Pennington and K. Thomas, eds., *Puritans and Revolutionaries*, Oxford UP., 1978.

(5) R. O'Day, *Education and Society 1500–1800*, Longman, 1982, p. 248.

(6) G. Nicholls, *A History of the English Poor Law*, Vol. 1, (1854), Frank Cass, repr., 1967, p. 287.

(7) この救貧組合については、S. Macfarlane, "Social policy and the poor in the later seventeenth century", in A. L. Beier and R. Finlay, eds., *London 1500–1700*, Longman, 1986, pp. 262–269, 川北稔訳『メトロポリス・ロンドンの成立』三嶺書房、一九九二年、第九章。

(8) *An Account of several Work-Houses for Employing and Maintaining the Poor*, London, 1725, p. 112.

(9) D. Owen, *English Philanthropy, 1660–1960*, Oxford UP., 1964, p. 24.

(10) B. K. Gray, *A History of English Philanthropy*, Frank Cass, 1967, p. 110.

(11) M. G. Jones, *The Charity School Movement*, Cambridge UP., 1938, p. 47.

(12) M. Seaborne, *The English School, its architecture and organization 1370–1870*, Routledge &

Kegan Paul, 1971, pp. 108-109.
(13) M. G. Jones, *op. cit.*, pp. 47-48.
(14) *An Account of the Methods whereby the Charity-Schools have been Erected and Managed*, London, 1705, pp. 8-9.
(15) *Ibid.*, 1718, p. 18.
(16) G. Panel, *Documents concernant les pauvres de Rouen*, Tome 2, Rouen, 1919, pp. 7-8.
(17) *Ibid.*, pp. 14-15.
(18) *Ibid.*, p. 29.
(19) *Ibid.*, pp. 29-31.
(20) *Ibid.*, pp. 45-46.
(21) *Ibid.*, pp. 65-66.
(22) *Ibid.*, pp. 68, 70, 73.
(23) *Ibid.*, pp. 67, 76, 77, 78.
(24) *Ibid.*, p. 92.
(25) *Ibid.*, p. 94.
(26) *Ibid.*, p. 95.
(27) この勅令の全体は、*Ibid.*, pp. 91-106.
(28) *Ibid.*, p. 111.
(29) *Ibid.*, p. 140.
(30) *Ibid.*, pp. 114-117.
(31) *Ibid.*, p. 140.
(32) *Ibid.*, p. 141.
(33) *Ibid.*, pp. 141-143.
(34) *Ibid.*, pp. 143-144.
(35) Y. Poutet, "L'enseignement des pauvres dans la France du XVIIe siècles", *XVIIe siècle*, n°s 90-91,1971, p. 104.
(36) B. Geremek, *La potence ou la pitié*, Gallimard, 1987, pp. 282-284, 早坂真理訳『憐れみと縛り首』平凡社、一九九三年、三〇八―三一二頁。
(37) M. Sothmann, *Das Armen-, Arbeits-, Zucht- und Werkhaus in Nürnberg bis 1806*, Schriftenreihe des Stadtarchivs Nürnberg, 1970, p. 2.

あとがき

(1) 川北稔「経済史と社会史のはざま―イギリスにおける『社会史』の成立―」『社会経済史学』第五九巻第一号、一九九三年五月、五一頁。

あとがき

ほかの人なら言わないことに美徳を感じられるのであろうが、わたしは言わないでおくことにはストレスを感じてしまうので、敢えてこの場を借りて言っておきたい。ここ何年間かの自分の年賀状には、特に知人の研究者への年賀状には、言い訳ばかり書いてきた気がする。すなわち大学の職務の忙しさから研究会になかなか出られず、また自分の研究が進展していないという話である。最近は、「言い訳」というより「嘆き」にさえなっている。

自分が幸運にも大学の専任教員になったのが、比較的年齢が高くなってからのことだったからか、勤めてほどなく責任ある役職につくことになった。少なくとも自分にとっては重責だったので、常にその職務のことをあれこれ頭で考えないといけない状態だった。そうすると、自分の本来の研究になかなか手がつけられず、研究会にも顔を出せないことになってしまった。「日曜歴史家」なら、日曜日は研究できるはずである。だが先ほども言ったが、単に会議が多いとかの話ではなく、いつも仕事のことを頭で考えていないといけないから、「日曜歴史家」にさえなれない日々が多かったように思う。結局、ある程度の期間、集中して研究に専念することが難しかったのである。もっとも、非常勤だけで生活していた時と比べれば、今の生活は天と地ほどの差があるわけだから、有り難いことは言うまでもないことだし、関係者の方々には感謝し尽くせない気持ちでいるのだが。

でもこうした状態を、知り合いの研究者から見たら、それは怠けていると取られる。「あいつは就職してからさぼってる」と思われていたし、今でも思われているだろう。つまり「怠惰」だということである。

こうして何年間か「怠惰な」日々が続いたが、ある時から、やはりこれではいけないと思い始めた。とにかく何とかしないといけない。そういう思いが強くなっていった。それでかなり無謀だったかも知れないが、出版社にお願いして、本を書くことにした。自分自身に「強制労働」を課すためである。つまり「怠惰」の「矯正」であった。こういうわけだから、この本を書くことは自分自身の「怠惰」に対する闘いでもあったのだ。あるいは闘いを始めたばかりという方が正確だろう。確かに研究のブランクがあったので、ブランクを埋める「リハビリ」が本来必要であったが、それも実際ままならなかった。だから厳しい批判は覚悟の上のことである。

それからもう一つ言っておきたいことがある。わたしの前著の『エリザベス朝時代の犯罪者たち』を単なる「好古趣味」「お話」と取られることがあるように思うが、それについてである。この場合は本当の言い訳だが。わたしは元来何か理論的なものが好きな人間であったが、大学院生の頃に良き先輩方に恵まれたこともあって、歴史の方法論や思想的なことについてよく議論した。現代思想とかも少しだけかじったことがある。だから論文を書いてもそうした傾向のものになっていたが、そのうち、いつも「高いところ」からばかり物を言う自分自身がいやになってしまった。もっと人々の、特に民衆の、細かいところ、微細な世界のことが知りたくなった。そうした微細な世界において、例えば何らかの構造があるとか、何かが変化しているとかが分かれば、そこから出発して議論を組み立てていくべきだと考えるようになった。結構「いい歳」になって、先のことも考えず、仕事をなげうってロンドンに行ったのも、そうした史料に取り組みたかったからである。最初に出会ったのは、ブライドウェルの「法廷記録」であった。

　およそ歴史研究を志す人ならば、問題意識なしに史料に接することはないと思う。だが、実際に史料を読み進んでいくうちに、自分が抱いていた問題意識、問題設定自体がずれていってしまう経験をされた方も多いのではないだろうか。わたし自身はそうした経験をしたが、そうなると大変である。自分が思っていたのと異なるならば、今、自分が目の前にしているもの、変色した紙に書かれた文字の集まり、これはいったい何なのかということになってくる。そして史料という迷宮に入り込んでいくことになる。もっとも、そういう経験がなかった自分にとっては、迷宮探検も楽しいものではあったが。

　でも、迷宮としての史料を自分なりに方向付け、そこから何かを導き出してくる作業はなかなか難しいものだと思う。ましてやそこから何か新しい理論体系とかを打ち出せるなら、それは天才ではないかという気すらする。わたしの前著はそういう意味で、まだ何かを十分導き出せていないので、あるいはそれが説明不足だったので、「好古趣味的」「お話的」として受けとめられたのであろう。だが、「理論というか、歴史の切り口や骨組みのところ」[1]は、自分なりに今後少しずつ取り戻していきたいと考えている。

先にも書いたが、もう一〇年以上も前に、ロンドンで苦労してワークハウスの史料をマイクロフィルムに収めた。だがそれ以来ずっと、一度もその箱を開けたことがない。自分でも情けない気がする。でも、この本で今後の課題として公言してしまったから、これからそれにも取り組んでいかねばならない。相変わらず職務は続いているが、今回この本を書いてみて、「怠惰」に対する自分なりの闘い方が少し分かった気がする。きつい闘いだが、それは「踏青」にも似ている。

青き踏む心のままに地のままに

筆者

［著者紹介］

乳原　孝（うはら　たかし）

1954年　大阪府東大阪市生まれ

1979年　関西学院大学文学部史学科卒業

1984年　同大学院文学研究科博士課程単位取得

1998年より京都学園大学経営学部助教授

イギリス近世史専攻

（著書）

『エリザベス朝時代の犯罪者たち―ロンドン・ブライドウェル矯正院の記録から―』（嵯峨野書院，1998年）

「怠惰」に対する闘い
―イギリス近世の貧民・矯正院・雇用―

〈検印省略〉

2002年10月５日　第１版第１刷発行

著　者　乳　原　　孝

発行者　中　村　忠　義

発行所　嵯　峨　野　書　院

〒615-8045 京都市西京区牛ヶ瀬南ノ口町39　電話(075)391-7686　振替01020-8-40694

西濃印刷・兼文堂

ISBN4-7823-0369-6